Cambridge Plain Texts

VAUVENARGUES

RÉFLEXIONS ET MAXIMES

VAUVENARGUES

RÉFLEXIONS
&
MAXIMES

CAMBRIDGE
AT THE UNIVERSITY PRESS
1936

CAMBRIDGE UNIVERSITY PRESS
Cambridge, New York, Melbourne, Madrid, Cape Town,
Singapore, São Paulo, Delhi, Mexico City

Cambridge University Press
The Edinburgh Building, Cambridge CB2 8RU, UK

Published in the United States of America by Cambridge University Press, New York

www.cambridge.org
Information on this title: www.cambridge.org/9781107644052

First published 1936
Re-issued 2013

A catalogue record for this publication is available from the British Library

ISBN 978-1-107-64405-2 Paperback

NOTE

"REVENONS avec Vauvenargues à la pureté de la langue, à la sobriété des pensées, et à l'integrité morale", wrote Sainte-Beuve on 18 November, 1850, after an article in the previous week on the turgid and tasteless Camille Desmoulins. And indeed no one can come into touch with Vauvenargues and not be refreshed and uplifted.

Luc de Clapiers, Marquis de Vauvenargues, is a pathetic figure. His short life (1715–1747) was a series of disappointments. He burned with a great desire to achieve glory through action, and both were denied him. The son of an impecunious provincial and Provençal noble, he was put into the army (the only alternative to the church for a man of his quality) at the age of 20, and he saw service in the wars of the Polish and of the Austrian succession. But he never rose above the rank of captain, and the only result of his soldiering was the ruin of his already precarious health. When it became clear to him that he could not win glory that way, he bethought him of diplomacy, and dreamed of becoming an ambassador. He applied to the Foreign Minister and to the King himself. The Minister interviewed him and held out some prospect of employment. Vauvenargues went down into the country to study diplomatic history and prepare for his new work; but his hopes were dashed by a virulent attack of small-pox which disfigured him, half-blinded him and completed the mischief to his legs which frost-bite had begun when he was serving. Debarred from an active career, he betook himself seriously in 1745 to writing, with which he had beguiled the weariness of garrison life and conjured the frivolity of his fellow-officers. For the profession of letters, which his family regarded as a *dérogation*, he had the valuable support of Voltaire whom he had got to know eighteen months before; and the glory which is his, though not of the kind he had set out to seek, is largely due to the encouragement and friendship of the elder man. That friendship, which arose out of an epistolary discussion on the respective merits of Corneille and Racine, is one of the bright passages in Voltaire's life and is infinitely creditable to his character. Vauvenargues was, in Sainte-Beuve's phrase, Voltaire's good angel and his untimely removal was a disaster for the *philosophe* and pamphleteer. Vauvenargues died in May 1747 at the age of 32, having only had time to publish, anonymously, a single volume of 400 pages, containing an *Introduction à la connaissance de l'esprit humain* followed by *Réflexions sur quelques poètes, Conseils à un jeune homme*, a *Méditation sur la foi* and a sheaf of *Réflexions et maximes.* A second edition, improved and enlarged by the author's own hand, was issued the year after his death, and it is from this that I have detached material for a *Plain Text*. The *Réflexions sur quelques poètes* give some notion of Vauvenargues's literary taste; the *Réflexions et maximes* admit us to the intimacy of a noble mind and may perhaps turn some readers to the *Introduction à la connaissance de l'esprit humain* which, though immature and incomplete, forms a link between the great moralists of the 17th century and the *philosophie* of the 18th.

Almost every moralizing page that Vauvenargues wrote betrays the influence of Pascal. Plato's dwelling was fenced with a notice forbidding entry to the unmathematical. A warning may well be prefixed to Vauvenargues's works that no one should approach them without some knowledge of Pascal.

H. F. S.

August 1935

RÉFLEXIONS CRITIQUES

SUR QUELQUES POÈTES

1. LA FONTAINE. Lorsqu'on a entendu parler de La Fontaine, et qu'on vient de lire ses ouvrages, on est étonné d'y trouver, je ne dis pas plus de génie, mais plus même de ce qu'on appelle de l'esprit, qu'on n'en trouve dans le monde le plus cultivé. On remarque avec la même surprise la profonde intelligence qu'il fait paraître de son art; et on admire qu'un esprit si fin ait été en même temps si naturel.

Il serait superflu de s'arrêter à louer l'harmonie variée et légère de ses vers; la grâce, le tour, l'élégance, les charmes naïfs de son style et de son badinage. Je remarquerai seulement que le bon sens et la simplicité sont les caractères dominants de ses écrits. Il est bon d'opposer un tel exemple à ceux qui cherchent la grâce et le brillant hors de la raison et de la nature. La simplicité de La Fontaine donne de la grâce à son bon sens, et son bon sens rend sa simplicité piquante: de sorte que le brillant de ses ouvrages naît peut-être essentiellement de ces deux sources réunies. Rien n'empêche au moins de le croire; car pourquoi le bon sens, qui est un don de la nature, n'en aurait-il pas l'agrément? La raison ne déplaît, dans la plupart des hommes, que parce qu'elle leur est étrangère. Un bon sens naturel est presque inséparable d'une grande simplicité; et une simplicité éclairée est un charme que rien n'égale.

Je ne donne pas ces louanges aux grâces d'un

homme si sage, pour dissimuler ses défauts. Je crois qu'on peut trouver dans ses écrits plus de style que d'invention, et plus de négligence que d'exactitude. Le nœud et le fond de ses Contes ont peu d'intérêt, et les sujets en sont bas. On y remarque quelquefois bien des longueurs, et un air de crapule qui ne saurait plaire. Ni cet auteur n'est parfait en ce genre, ni ce genre n'est assez noble.

2. BOILEAU. Boileau prouve, autant par son exemple que par ses préceptes, que toutes les beautés des bons ouvrages naissent de la vive expression et de la peinture du vrai; mais cette expression si touchante appartient moins à la réflexion, sujette à l'erreur, qu'à un sentiment très-intime et très-fidèle de la nature. La raison n'était pas distincte dans Boileau du sentiment: c'était son instinct. Aussi a-t-elle animé ses écrits de cet intérêt qu'il est si rare de rencontrer dans les ouvrages didactiques.

Cela met, je crois, dans son jour, ce que je viens de toucher en parlant de La Fontaine. S'il n'est pas ordinaire de trouver de l'agrément parmi ceux qui se piquent d'être raisonnables, c'est peut-être parce que la raison est entée dans leur esprit, où elle n'a qu'une vie artificielle et empruntée; c'est parce qu'on honore trop souvent du nom de raison une certaine médiocrité de sentiment et de génie, qui assujettit les hommes aux lois de l'usage, et les détourne des grandes hardiesses, sources ordinaires des grandes fautes.

Boileau ne s'est pas contenté de mettre de la vérité et de la poésie dans ses ouvrages; il a enseigné son art aux autres. Il a éclairé tout son siècle; il en a banni le faux goût—autant qu'il est permis de le bannir chez les hommes. Il fallait qu'il fût né avec un génie bien singulier, pour échapper, comme il a fait, aux mauvais exemples de ses contemporains, et pour leur imposer ses propres lois. Ceux qui bornent le mérite de sa poésie à l'art et à l'exactitude de sa versification, ne font pas peut-être attention que ses vers sont pleins de pensées, de vivacité, de saillies, et même d'invention de style. Admirable dans la justesse, dans la solidité et la netteté de ses idées, il a su conserver ces caractères dans ses expressions, sans perdre de son feu et de sa force; ce qui témoigne incontestablement un grand talent.

Je sais bien que quelques personnes, dont l'autorité est respectable, ne nomment génie dans les poëtes que l'invention dans le dessein de leurs ouvrages. Ce n'est, disent-ils, ni l'harmonie, ni l'élégance des vers, ni l'imagination dans l'expression, ni même l'expression du sentiment, qui caractérisent le poète; ce sont, à leur avis, les pensées mâles et hardies, jointes à l'esprit créateur. Par là on prouverait que Bossuet et Newton ont été les plus grands poètes de la terre; car certainement l'invention, la hardiesse et les pensées mâles ne leur manquaient pas. J'ose leur répondre que c'est confondre les limites des arts, que d'en parler de la sorte. J'ajoute que les plus grands poètes de l'antiquité, tels qu'Homère, Sophocle, Virgile, se trouveraient confondus avec une foule d'écrivains médiocres, si on ne jugeait d'eux que par le plan de leur poèmes et par l'invention du dessein, et non par l'invention du style, par leur harmonie, par la chaleur de leur versification et enfin par la vérité de leurs images.

Si l'on est donc fondé à reprocher quelque défaut à Boileau, ce n'est pas, à ce qu'il me semble, le défaut de génie. C'est au contraire d'avoir eu plus de génie que d'étendue ou de profondeur d'esprit, plus de feu et de vérité que d'élévation et de délicatesse, plus de solidité et de sel dans la critique que de finesse ou de gaieté, et plus d'agrément que de grâce: on l'attaque encore sur quelques-uns de ses jugements qui semblent injustes; et je ne prétends pas qu'il fût infaillible.

3. Chaulieu. Chaulieu a su mêler, avec une simplicité noble et touchante, l'esprit et le sentiment. Ses vers négligés, mais faciles et remplis d'imagination, de vivacité et de grâce, m'ont toujours paru supérieurs à sa prose, qui n'est le plus souvent qu'ingénieuse. On ne peut s'empêcher de regretter qu'un auteur si aimable n'ait pas plus écrit, et n'ait pas travaillé avec le même soin tous ses ouvrages.

4. Molière. Molière me paraît un peu répréhensible d'avoir pris des sujets trop bas. La Bruyère, animé à peu près du même génie, a peint avec la même vérité et la même véhémence que Molière les travers des hommes; mais je crois que l'on peut trouver plus d'éloquence et plus d'élévation dans ses images.

On peut mettre encore ce poète en parallèle avec Racine. L'un et l'autre ont parfaitement connu le cœur de l'homme; l'un et l'autre se sont attachés à peindre la nature. Racine la saisit dans les passions des grandes âmes; Molière dans l'humeur et les bizarreries des gens du commun. L'un a joué avec un agrément inexplicable les petits sujets; l'autre a traité les grands avec une sagesse et une majesté touchantes. Molière a ce bel avantage que ses dialogues jamais ne languissent: une forte et continuelle imitation des mœurs passionne ses moindres discours. Cependant, à considérer simplement ces deux auteurs comme poètes, je crois qu'il ne serait pas juste d'en faire comparaison. Sans parler de la supériorité du genre sublime donné à Racine, on trouve dans Molière tant de négligences et d'expressions bizarres et impropres, qu'il y a peu de poètes, si j'ose le dire, moins corrects et moins purs que lui.

"En pensant bien, il parle souvent mal", dit l'illustre archevêque de Cambrai (*Lettre sur l'éloquence*, page 362). "Il se sert des phrases les plus forcées et les moins naturelles. Térence dit en quatre mots, et avec la plus élégante simplicité, ce que celui-ci ne dit qu'avec une multitude de métaphores qui approchent du galimatias. J'aime bien mieux sa prose que ses vers, etc."

Cependant l'opinion commune est qu'aucun des auteurs de notre théâtre n'a porté aussi loin son genre que Molière a poussé le sien; et la raison en est, je crois, qu'il est plus naturel que tous les autres.

C'est une leçon importante pour tous ceux qui veulent écrire.

5, 6. CORNEILLE et RACINE. Je dois à la lecture des ouvrages de M. de Voltaire le peu de connaissance que je puis avoir de la poésie. Je lui proposai mes idées, lorsque j'eus envie de parler de Corneille et de Racine; et il eut la bonté de me marquer les endroits de Corneille qui méritent le plus d'admiration, pour répondre à une critique que j'en avais faite. Engagé par là à relire ses meilleures tragédies, j'y trouvai sans peine les rares beautés que m'avait indiquées M. de Voltaire.

Je ne m'y étais pas arrêté en lisant autrefois Corneille, refroidi ou prévenu par ses défauts, et né, selon toute apparence, moins sensible au caractère de ses perfections. Cette nouvelle lumière me fit craindre de m'être trompé encore sur Racine et sur les défauts mêmes de Corneille; mais ayant relu l'un et l'autre avec quelque attention, je n'ai pas changé de pensée à cet égard; et voici ce qu'il me semble de ces hommes illustres.

Les héros de Corneille disent souvent de grandes choses sans les inspirer: ceux de Racine les inspirent sans les dire. Les uns parlent, et toujours trop, afin de se faire connaître; les autres se font connaître parce qu'ils parlent. Surtout Corneille paraît ignorer que les grands hommes se caractérisent souvent davantage par les choses qu'ils ne disent pas que par celles qu'ils disent.

Lorsque Racine veut peindre Acomat, Osmin l'assure de l'amour des janissaires; ce visir répond:

> Quoi! tu crois, cher Osmin, que ma gloire passée
> Flatte encor leur valeur, et vit dans leur pensée?
> Crois-tu qu'ils me suivraient encore avec plaisir,
> Et qu'ils reconnaîtraient la voix de leur visir?

On voit dans les deux premiers vers un général disgracié, que le souvenir de sa gloire et l'attachement des soldats attendrissent sensiblement; dans les deux derniers, un rebelle qui médite quelque dessein: voilà comme il échappe aux hommes de se caractériser sans en avoir l'intention. On peut voir, dans la même tragédie, que lorsque Roxane, blessée des froideurs de Bajazet, en marque son étonnement à Athalide et que celle-ci proteste que ce prince l'aime, Roxane répond brièvement:

> Il y va de sa vie au moins que je le croie.

Ainsi cette sultane ne s'amuse point à dire: "Je suis d'un caractère fier et violent. J'aime avec jalousie et avec fureur. Je ferai mourir Bajazet s'il me trahit." Le poète tait ces détails qu'on pénètre assez d'un coup d'œil, et Roxane se trouve caractérisée avec plus de force. Voilà la manière de peindre de Racine: il est rare qu'il s'en écarte. Et j'en rapporterais de grands exemples, si ses ouvrages étaient moins connus.

Écoutons maintenant Corneille, et voyons de quelle manière il caractérise ses personnages: c'est le comte qui parle dans le *Cid*:

> Les exemples vivants sont d'un autre pouvoir;
> Un prince, dans un livre, apprend mal son devoir.
> Et qu'a fait, après tout, ce grand nombre d'années,
> Que ne puisse égaler une de mes journées?
> Si vous fûtes vaillant, je le suis aujourd'hui;
> Et ce bras du royaume est le plus ferme appui.
> Grenade et l'Aragon tremblent quand ce fer brille;
> Mon nom sert de rempart à toute la Castille;
> Sans moi vous passeriez bientôt sous d'autres lois,
> Et vous auriez bientôt vos ennemis pour rois.
> Chaque jour, chaque instant, pour rehausser ma gloire,
> Met lauriers sur lauriers, victoire sur victoire.
> Le prince à mes côtés ferait, dans les combats,
> L'essai de son courage à l'ombre de mon bras;
> Il apprendrait à vaincre en me regardant faire, etc.

Il n'y a peut-être personne aujourd'hui qui ne sente la ridicule ostentation de ces paroles. Il faut les pardonner au temps où Corneille a écrit, et aux mauvais exemples qui l'environnaient. Mais voici d'autres vers qu'on loue encore, et qui n'étant pas aussi affectés sont plus propres, par cet endroit même, à faire illusion. C'est Cornélie, veuve de Pompée, qui parle à César:

> César; car le destin que dans tes fers je brave,
> M'a fait ta prisonnière, et non pas ton esclave;
> Et tu ne prétends pas qu'il m'abatte le cœur
> Jusqu'à te rendre hommage, et te nommer seigneur.
> De quelque rude trait qu'il m'ose avoir frappée,
> Veuve du jeune Crasse et veuve de Pompée,
> Fille de Scipion, et pour te dire plus,
> Romaine, mon courage est encore au-dessus, etc.
> . . . .
> Je te l'ai déjà dit, César, je suis Romaine:
> Et quoique ta captive, un cœur comme le mien,
> De peur de s'oublier, ne te demande rien.
> Ordonne, et sans vouloir qu'il tremble ou s'humilie,
> Souviens-toi seulement que je suis Cornélie.

Et dans un autre endroit où la même Cornélie parle de César, qui punit les meurtriers du grand Pompée:

> Tant d'intérêts sont joints à ceux de mon époux
> Que je ne devrais rien à ce qu'il fait pour nous,
> Si, comme par soi-même, un grand cœur juge un autre,
> Je n'aimais mieux juger sa vertu par la nôtre;
> Et croire que nous seuls armons ce combattant,
> Parce qu'au point qu'il est, j'en voudrais faire autant.

"Il me paraît", dit encore Fénelon, dans sa *Lettre sur l'éloquence*, page 353, "qu'on a donné souvent aux Romains un discours trop fastueux....Je ne trouve point de proportion entre l'emphase avec laquelle Auguste parle dans la tragédie de *Cinna*, et la modeste simplicité avec laquelle Suétone le dépeint dans tout le détail de ses mœurs. Tout ce que nous voyons dans Tite-Live, dans Plutarque, dans Cicéron, dans

Suétone, nous représente les Romains comme des hommes hautains dans leurs sentiments, mais simples, naturels et modestes dans leurs paroles, etc."

Cette affectation de grandeur que nous leur prêtons m'a toujours paru le principal défaut de notre théâtre, et l'écueil ordinaire des poëtes. Je n'ignore pas que la hauteur est en possession d'en imposer à l'esprit humain; mais rien ne décèle plus parfaitement aux esprits fins une hauteur fausse et contrefaite, qu'un discours fastueux et emphatique.

Il est aisé d'ailleurs aux moindres poëtes, de mettre dans la bouche de leurs personnages des paroles fières. Ce qui est difficile, c'est de leur faire tenir ce langage hautain avec vérité et à propos. C'était le talent admirable de Racine, et celui qu'on a le moins daigné remarquer dans ce grand homme. Il y a toujours si peu d'affectation dans ses discours, qu'on ne s'aperçoit pas de la hauteur qu'on y rencontre. Ainsi lorsque Agrippine, arrêtée par l'ordre de Néron, et obligée de se justifier, commence par ces mots simples:

> Approchez-vous, Néron, et prenez votre place.
> On veut sur vos soupçons que je vous satisfasse, etc.

je ne crois pas que beaucoup de personnes fassent attention qu'elle commande en quelque manière à l'empereur de s'approcher et de s'asseoir, elle qui était réduite à rendre compte de sa vie, non à son fils, mais à son maître. Si elle eût dit comme Cornélie:

> Néron; car le destin que dans tes fers je brave,
> M'a fait ta prisonnière, et non pas ton esclave;
> Et tu ne prétends pas qu'il m'abatte le cœur
> Jusqu'à te rendre hommage, et te nommer seigneur

alors je ne doute pas que bien des gens n'eussent applaudi à ces paroles, et les eussent trouvées fort élevées.

Corneille est tombé trop souvent dans ce défaut de prendre l'ostentation pour la hauteur, et la déclamation pour l'éloquence. Et ceux qui se sont aperçus qu'il était peu naturel à beaucoup d'égards, ont dit, pour le justifier, qu'il s'était attaché à peindre les hommes tels qu'ils devraient être. Il est donc vrai du moins qu'il ne les a pas peints tels qu'ils étaient. C'est un grand aveu que cela. Corneille a cru donner sans doute à ses héros un caractère supérieur à celui de la nature. Les peintres n'ont pas eu la même présomption. Lorsqu'ils ont voulu peindre les anges, ils ont pris les traits de l'enfance: ils ont rendu cet hommage à la nature, leur riche modèle. C'était néanmoins un beau champ pour leur imagination; mais c'est qu'ils étaient persuadés que l'imagination des hommes, d'ailleurs si féconde en chimères, ne pouvait donner de la vie à ses propres inventions. Si Corneille eût fait attention que tous les panégyriques étaient froids, il en aurait trouvé la cause en ce que les orateurs voulaient accommoder les hommes à leurs idées, au lieu de former leurs idées sur les hommes.

Mais l'erreur de Corneille ne me surprend point: le bon goût n'est qu'un sentiment fin et fidèle de la belle nature, et n'appartient qu'à ceux qui ont l'esprit naturel. Corneille, né dans un siècle plein d'affectation, ne pouvait avoir le goût juste. Aussi l'a-t-il fait paraître, non-seulement dans ses ouvrages, mais encore dans le choix de ses modèles, qu'il a pris chez les Espagnols et les Latins, auteurs pleins d'enflure, dont il a préféré la force gigantesque à la simplicité plus noble et plus touchante des poètes grecs.

De là ses antithèses affectées, ses négligences basses, ses licences continuelles, son obscurité, son emphase, et enfin ces phrases synonymes, où la même pensée est plus remaniée que la division d'un sermon.

De là encore ces disputes opiniâtres, qui refroidissent quelquefois les plus fortes scènes, et où l'on croit assister à une thèse publique de philosophie, qui noue les choses pour les dénouer. Les premiers personnages de ses tragédies argumentent alors avec les tournures et les subtilités de l'école, et s'amusent à faire des jeux frivoles de raisonnements et de mots, comme des écoliers ou des légistes.

Cependant je suis moins choqué de ces subtilités, que des grossièretés de quelques scènes. Par exemple, lorsque Horace quitte Curiace, c'est-à-dire, dans un dialogue d'ailleurs admirable, Curiace parle ainsi d'abord:

> Je vous connais encore, et c'est ce qui me tue.
> Mais cette âpre vertu ne m'était point connue:
> Comme notre malheur, elle est au plus haut point;
> Souffrez que je l'admire, et ne l'imite point.

Horace, le héros de cette tragédie, lui répond:

> Non, non, n'embrassez pas de vertu par contrainte;
> Et puisque vous trouvez plus de charme à la plainte,
> En toute liberté goûtez un bien si doux.
> Voici venir ma sœur pour se plaindre avec vous.

Ici Corneille veut peindre apparemment une valeur féroce. Mais la férocité s'exprime-t-elle ainsi contre un ami et un rival modeste? La fierté est une passion fort théâtrale; mais elle dégénère en vanité et en petitesse sitôt qu'elle se montre sans qu'on la provoque.

Me permettra-t-on de le dire? il me semble que l'idée des caractères de Corneille est presque toujours assez grande; mais l'exécution en est quelquefois bien faible, et le coloris faux ou peu agréable. Quelques-uns des caractères de Racine peuvent bien manquer de grandeur dans le dessein; mais les expressions sont toujours de main de maître, et puisées dans la vérité et la nature. J'ai cru remarquer encore qu'on ne trouvait guère dans les personnages de Corneille, de ces traits simples qui annoncent une grande étendue d'esprit. Ces traits se rencontrent en foule dans Roxane, dans Agrippine, Joad, Acomat, Athalie.

Je ne puis cacher ma pensée; il était donné à Corneille de peindre des vertus austères, dures et inflexibles; mais il appartient à Racine de caractériser les esprits supérieurs, et de les caractériser sans raisonnements et sans maximes, par la seule nécessité où naissent les grands hommes d'imprimer leur caractère dans leurs expressions. Joad ne se montre jamais avec plus d'avantage que lorsqu'il parle avec une simplicité majestueuse et tendre au petit Joas, et qu'il semble cacher tout son esprit pour se proportionner à cet enfant. De même Athalie. Corneille, au contraire, se guinde souvent pour élever ses personnages; et on est étonné que le même pinceau ait caractérisé quelquefois l'héroïsme avec des traits si naturels et si énergiques.

Cependant, lorsqu'on fait le parallèle de ces deux poëtes, il semble qu'on ne convienne de l'art de Racine, que pour donner à Corneille l'avantage du génie.

Qu'on emploie cette distinction pour marquer le caractère d'un faiseur de phrases, je la trouverai raisonnable; mais lorsqu'on parle de l'art de Racine, l'art qui met toutes les choses à leur place, qui caractérise les hommes, leurs passions, leurs mœurs, leur génie; qui chasse les obscurités, les superfluités, les faux brillants; qui peint la nature avec feu, avec sublimité et avec grâce; que peut-on penser d'un tel art, si ce n'est qu'il est le génie des hommes extraordinaires, et l'original même de ces règles que les écrivains sans génie embrassent avec tant de zèle et avec si peu de succès? Qu'est-ce dans la *Mort de César*, que l'art des harangues d'Antoine, si ce n'est le génie d'un esprit supérieur, et celui de la vraie éloquence?

C'est le défaut trop fréquent de cet art, qui gâte les plus beaux ouvrages de Corneille. Je ne dis pas que la plupart de ses tragédies ne soient très-bien imaginées et très-bien conduites. Je crois même qu'il a connu mieux que personne l'art des situations et des contrastes. Mais l'art des expressions et l'art des vers, qu'il a si souvent négligés ou pris à faux, déparent ses autres beautés. Il paraît avoir ignoré que pour être lu avec plaisir, ou même pour faire illusion à tout le monde dans la représentation d'un poëme dramatique, il fallait, par une éloquence continue, soutenir l'attention des spectateurs, qui se relâche et se rebute nécessairement quand les détails sont négligés. Il y a longtemps qu'on a dit que l'expression était la principale partie de tout ouvrage écrit en vers. C'est le sentiment des grands maîtres, qu'il n'est pas besoin de justifier. Chacun sait ce qu'on souffre, je ne dis pas à lire de mauvais vers, mais même à entendre mal réciter un bon poëme. Si l'emphase d'un comédien détruit le charme naturel de la poésie, comment l'emphase même du poëte ou l'impropriété de ses expressions ne dégoûteraient-elles pas les esprits justes, de sa fiction et de ses idées?

Racine n'est pas sans défauts. Il a mis quelquefois dans ses ouvrages un amour faible qui fait languir son action. Il n'a pas conçu assez fortement la tragédie. Il n'a point assez fait agir ses personnages. On ne remarque pas dans ses écrits autant d'énergie que d'élévation, ni autant de hardiesse que d'égalité. Plus savant encore à faire naître la pitié que la terreur, et l'admiration que l'étonnement, il n'a pu atteindre au tragique de quelques poëtes. Nul homme n'a eu en partage tous les dons. Si d'ailleurs on veut être juste, on avouera que personne ne donna jamais au théâtre plus de pompe, n'éleva plus haut la parole, et n'y versa plus de douceur. Qu'on examine ses ouvrages sans prévention, quelle facilité! quelle abondance! quelle poésie! quelle imagination dans l'expression! Qui créa jamais une langue ou plus magnifique, ou plus simple, ou plus variée, ou plus noble, ou plus harmonieuse et plus touchante? Qui mit jamais autant de vérité dans ses dialogues, dans ses images, dans ses caractères, dans l'expression des passions? Serait-il trop hardi de dire que c'est le plus beau génie que la France ait eu, et le plus éloquent de ses poètes?

Corneille a trouvé le théâtre vide, et a eu l'avantage de former le goût de son siècle sur son caractère. Racine a paru après lui, et a partagé les esprits. S'il eût été possible de changer cet ordre, peut-être qu'on aurait jugé de l'un et de l'autre fort différemment.

Oui, dit-on; mais Corneille est venu le premier, et il a créé le théâtre. Je ne puis souscrire à cela. Corneille avait de grands modèles parmi les anciens; Racine ne l'a point suivi: personne n'a pris une route, je ne dis pas plus différente, mais plus opposée; personne n'est plus original à meilleur titre. Si Corneille a droit de prétendre à la gloire des inventeurs, on ne peut l'ôter à Racine. Mais si l'un et l'autre ont eu des maîtres, lequel a choisi les meilleurs et les a le mieux imités?

On reproche à Racine de n'avoir pas donné à ses héros le caractère de leur siècle et de leur nation: mais les grands hommes sont de tous les âges et de tous les pays. On rendrait le vicomte de Turenne et le cardinal de Richelieu méconnaissables en leur donnant le caractère de leur siècle. Les âmes véritablement grandes ne sont telles que parce qu'elles se trouvent en quelque manière supérieures à l'éducation et aux coutumes. Je sais qu'elles retiennent toujours quelque chose de l'un et de l'autre; mais le poëte peut négliger ces bagatelles, qui ne touchent pas plus au fonds du caractère que la coiffure ou l'habit du comédien, pour ne s'attacher qu'à peindre vivement les traits d'une nature forte et éclairée, et ce génie élevé qui appartient également à tous les peuples. Je ne vois point d'ailleurs que Racine ait manqué à ces prétendues bienséances du théâtre. Ne parlons pas des tragédies faibles de ce grand poëte, *Alexandre*, *la Thébaïde*, *Bérénice*, *Esther*, dans lesquelles on pourrait citer encore de grandes beautés. Ce n'est point par les essais d'un auteur, et par le plus petit nombre de ses ouvrages, qu'on en doit juger, mais par le plus grand nombre de ses ouvrages, et par ses chefs-d'œuvre. Qu'on observe cette règle avec Racine, et qu'on examine ensuite ses écrits. Dira-t-on qu'Acomat, Roxane, Joad, Athalie, Mithridate, Néron, Agrippine, Burrhus, Narcisse, Clitemnestre, Agamemnon, etc., n'aient pas le caractère de leur siècle, et celui que les historiens leur ont donné? Parce que Bajazet et Xipharès ressemblent à Britannicus, parce qu'ils ont un caractère faible pour le théâtre, quoique naturel, sera-t-on fondé à prétendre que Racine n'ait pas su caractériser les hommes, lui dont le talent éminent était de les peindre avec vérité et avec noblesse?

Je reviens encore à Corneille, afin de finir ce discours. Je crois qu'il a connu mieux que Racine le pouvoir des situations et des contrastes. Ses meilleures tragédies, toujours fort au-dessous, par l'expression, de celles de son rival, sont moins agréables à lire, mais plus intéressantes quelquefois dans la représentation, soit par le choc des caractères, soit par l'art des situations, soit par la grandeur des intérêts. Moins intelligent que Racine, il concevait peut-être moins profondément, mais plus fortement ses sujets. Il n'était ni si grand poëte, ni si éloquent; mais il s'exprimait quelquefois avec une grande énergie. Personne n'a des traits plus élevés et plus hardis; personne n'a laissé l'idée d'un dialogue si serré et si véhément; personne n'a peint avec le même bonheur l'inflexibilité et la force d'esprit qui naissent de la vertu. De ces disputes mêmes que je lui reproche, sortent quelquefois des éclairs qui laissent l'esprit étonné, et des combats qui véritablement élèvent l'âme; et enfin, quoiqu'il lui arrive continuellement de s'écarter de la nature, on est obligé d'avouer qu'il la peint naïvement et bien fortement dans quelques endroits: et c'est uniquement dans ces morceaux naturels qu'il est admirable. Voilà ce qu'il me semble qu'on peut dire sans partialité de ses talents. Mais, lorsqu'on a rendu justice à son génie, qui a surmonté si souvent le goût barbare de son siècle, on ne peut s'empêcher de rejeter, dans ses ouvrages, ce qu'ils retiennent dans ce mauvais goût, et ce qui servirait à le perpétuer dans les admirateurs trop passionnés de ce grand maître.

Les gens du métier sont plus indulgents que les autres à ces défauts, parce qu'ils ne regardent qu'aux traits originaux de leurs modèles, et qu'ils connaissent mieux le prix de l'invention et du génie. Mais le reste des hommes juge des ouvrages tels qu'ils sont, sans égard pour le temps et pour les auteurs: et je crois qu'il serait à désirer que les gens de lettres voulussent bien séparer les défauts des plus grands hommes de leurs perfections; car si l'on confond leurs beautés avec leurs fautes par une admiration superstitieuse, il pourra bien arriver que les jeunes gens imiteront les défauts de leurs maîtres, qui sont aisés à imiter, et n'atteindront jamais à leur génie.

7. J. B. Rousseau. On ne peut disputer à Rousseau d'avoir connu parfaitement la mécanique des vers. Égal peut-être à Despréaux par cet endroit, on pourrait le mettre à côté de ce grand homme, si celui-ci, né à l'aurore du bon goût, n'avait été le maître de Rousseau et de tous les poëtes de son siècle.

Ces deux excellents écrivains se sont distingués l'un et l'autre par l'art difficile de faire régner dans les vers une extrême simplicité, par le talent d'y conserver le tour et le génie de notre langue, et enfin par cette harmonie continue sans laquelle il n'y a point de véritable poésie.

On leur a reproché, à la vérité, d'avoir manqué de délicatesse et d'expression pour le sentiment. Ce dernier défaut me paraît peu considérable dans Despréaux, parce que s'étant attaché uniquement à peindre la raison, il lui suffisait de la peindre avec vivacité et avec feu, comme il a fait: mais l'expression des passions ne lui était pas nécessaire. Son *Art poétique*, et quelques autres de ses ouvrages approchent de la perfection qui leur est propre; et on n'y regrette point la langue du sentiment, quoiqu'elle puisse entrer peut-être dans tous les genres et les embellir de ses charmes.

Il n'est pas tout à fait si facile de justifier Rousseau à cet égard. L'ode étant, comme il dit lui-même, *le véritable champ du pathétique et du sublime*, on voudrait toujours trouver dans les siennes ce haut caractère. Mais, quoiqu'elles soient dessinées avec une grande noblesse, je ne sais si elles sont toutes assez passionnées. J'excepte quelques-unes des odes sacrées, dont le fonds appartient à de plus grands maîtres. Quant à celles qu'il a tirées de son propre fonds, il me semble qu'en général les fortes images qui les embellissent, ne produisent pas de grands mouvements et n'excitent ni la pitié, ni l'étonnement, ni la crainte, ni ce sombre saisissement que le vrai sublime fait naître.

La marche impétueuse de l'ode n'est pas celle d'un esprit tranquille: il faut donc qu'elle soit justifiée par un enthousiasme véritable. Lorsqu'un auteur se jette de sang-froid dans ces mouvements et ces écarts qui n'appartiennent qu'aux grandes passions, il court risque de marcher seul; car le lecteur se lasse de ces transitions forcées et de ces fréquentes hardiesses que l'art s'efforce d'imiter du sentiment, et qu'il imite toujours sans succès. Les endroits où le poète paraît s'égarer devraient être, à ce qu'il me semble, les plus passionnés de son ouvrage. Il est même d'autant plus nécessaire de mettre du sentiment dans nos odes, que ces petits poèmes sont ordinairement vides de pensées, et qu'un ouvrage vide de pensées sera toujours faible s'il n'est rempli de passion. Or, je ne crois pas qu'on puisse dire que les odes de Rousseau soient fort passionnées. Il est tombé quelquefois dans le défaut de ces poètes qui semblent s'être proposé dans leurs écrits, non d'exprimer plus fortement par des images des passions violentes, mais seulement d'assembler des images magnifiques, plus occupés de chercher de grandes figures que de faire naître dans leur âme de grandes pensées. Les défenseurs de Rousseau répondent qu'il a surpassé Horace et Pindare, auteurs illustres dans le même genre, et de plus rendus respectables par l'estime dont ils sont en possession depuis tant de siècles. Si cela est ainsi, je ne m'étonne point que Rousseau ait emporté tous les suffrages. On ne juge que par comparaison de toutes choses, et ceux qui font mieux que les autres dans leur genre passent toujours pour excellents, personne n'osant leur contester d'être dans le bon chemin. Il m'appartient moins qu'à tout autre de dire que Rousseau n'a pu atteindre le but de son art: mais je crains bien que si on n'aspire pas à faire de l'ode une imitation plus fidèle de la nature, ce genre ne demeure enseveli dans une espèce de médiocrité.

S'il m'est permis d'être sincère jusqu'à la fin, j'avouerai que je trouve encore des pensées bien fausses dans les meilleures odes de Rousseau. Cette fameuse *Ode à la Fortune*, qu'on regarde comme le triomphe de la raison, présente, ce me semble, peu de réflexions qui ne soient plus éblouissantes que solides. Écoutons ce poëte philosophe:

> Quoi! Rome et l'Italie en cendre
> Me feront honorer Sylla!

Non vraiment, l'Italie en cendre ne peut faire honorer Sylla; mais ce qui doit, je crois, le faire respecter avec justice, c'est ce génie supérieur et puissant qui vainquit le génie de Rome, qui lui fit défier dans sa vieillesse les ressentiments de ce même peuple qu'il avait soumis, et qui sut toujours subjuguer par les bienfaits ou par la force, le courage ailleurs indomptable de ses ennemis.

Voyons ce qui suit:

> J'admirerai dans Alexandre
> Ce que j'abhorre en Attila?

Je ne sais quel était le caractère d'Attila, mais je suis forcé d'admirer les rares talents d'Alexandre, et cette hauteur de génie qui, soit dans le gouvernement, soit dans la guerre, soit dans les sciences, soit même dans sa vie privée, l'a toujours fait paraître comme un homme extraordinaire, et qu'un instinct grand et sublime dispensait des moindres vertus. Je veux révérer un héros qui, parvenu au faîte des grandeurs humaines, ne dédaignait pas l'amitié; qui, dans cette haute fortune, respectait encore le mérite; qui aima mieux s'exposer à mourir que de soupçonner son médecin de quelque crime, et d'affliger, par une défiance qu'on n'aurait pas blâmée, la fidélité d'un sujet qu'il estimait: le maître le plus libéral qu'il y eut jamais, jusqu'à ne réserver pour lui que l'*espérance*; plus prompt à réparer ses injustices qu'à les commettre, et plus pénétré de ses fautes que de ses triomphes; né pour conquérir l'univers, parce qu'il était digne de lui commander; et en quelque sorte excusable de s'être fait rendre les honneurs divins dans un temps où toute la terre adorait des dieux moins aimables. Rousseau paraît donc trop injuste, lorsqu'il ose ajouter d'un si grand homme:

> Mais à la place de Socrate
> Le fameux vainqueur de l'Euphrate
> Sera le dernier des mortels.

Apparemment que Rousseau ne voulait épargner aucun conquérant; et voici comme il parle encore:

> L'inexpérience indocile
> Du compagnon de Paul-Émile
> Fit tout le succès d'Annibal.

Combien toutes ces réflexions ne sont-elles pas superficielles? Qui ne sait que la science de la guerre consiste à profiter des fautes de son ennemi? Qui ne sait qu'Annibal s'est montré aussi grand dans ses défaites que dans ses victoires?

S'il était reçu de tous les poètes, comme il l'est du reste des hommes, qu'il n'y a rien de beau dans aucun genre que le vrai, et que les fictions mêmes de la poésie n'ont été inventées que pour peindre plus vivement la vérité, que pourrait-on penser des invectives que je viens de rapporter? Serait-on trop sévère de juger que l'*Ode à la Fortune* n'est qu'une pompeuse déclamation et un tissu de lieux communs, énergiquement exprimés?

Je ne dirai rien des allégories et de quelques autres ouvrages de Rousseau. Je n'oserais surtout juger d'aucun ouvrage allégorique, parce que c'est un genre que je n'aime pas: mais je louerai volontiers ses épigrammes, où l'on trouve toute la naïveté de Marot, avec une énergie que Marot n'avait pas. Je louerai des morceaux admirables dans ses épîtres, où le génie de ses épigrammes se fait singulièrement apercevoir. Mais en admirant ces morceaux, si dignes de l'être, je ne puis m'empêcher d'être choqué de la grossièreté insupportable qu'on remarque en d'autres endroits. Rousseau voulant dépeindre, dans l'*Épître aux Muses*, je ne sais quel mauvais poëte, il le compare à un oison que la flatterie enhardit à préférer sa voix au chant du cygne. Un autre oison lui fait un long discours pour l'obliger à chanter, et Rousseau continue ainsi:

> A ce discours, notre oiseau tout gaillard
> Perce le ciel de son cri nasillard:
> Et tout d'abord, oubliant leur mangeaille,
> Vous eussiez vu canards, dindons, poulaille,
> De toutes parts accourir, l'entourer,
> Battre de l'aile, applaudir, admirer,
> Vanter la voix dont nature le doue,
> Et faire nargue au cygne de Mantoue.
> Le chant fini, le pindarique oison,
> Se rengorgeant, rentre dans la maison,
> Tout orgueilleux d'avoir, par son ramage,
> Du poulailler mérité le suffrage.

On ne nie pas qu'il y ait quelque force dans cette

peinture; mais combien en sont basses les images! La même épître est remplie de choses qui ne sont ni plus agréables ni plus délicates. C'est un dialogue avec les Muses, qui est plein de longueurs, dont les transitions sont forcées et trop ressemblantes; où l'on trouve à la vérité de grandes beautés de détails, mais qui en rachètent à peine les défauts. J'ai choisi cette épître exprès, ainsi que l'*Ode à la Fortune*, afin qu'on ne m'accusât pas de rapporter les ouvrages les plus faibles de Rousseau pour diminuer l'estime que l'on doit aux autres. Puis-je me flatter en cela d'avoir contenté la délicatesse de tant de gens de goût et de génie, qui respectent tous les écrits de ce poète? Quelque crainte que je doive avoir de me tromper, en m'écartant de leur sentiment et de celui du public, je hasarderai encore ici une réflexion. C'est que le vieux langage employé par Rousseau dans ses meilleures épîtres, ne me paraît ni nécessaire pour écrire naïvement, ni assez noble pour la poésie. C'est à ceux qui font profession eux-mêmes de cet art, à prononcer là-dessus. Je leur soumets sans répugnance toutes les remarques que j'ai osé faire sur les plus illustres écrivains de notre langue. Personne n'est plus passionné que je ne le suis pour les véritables beautés de leurs ouvrages. Je ne connais peut-être pas tout le mérite de Rousseau; mais je ne serai pas fâché qu'on me détrompe des défauts que j'ai cru pouvoir lui reprocher. On ne saurait trop honorer les grands talents d'un auteur dont la célébrité a fait les disgrâces, comme c'est la coutume chez les hommes, et qui n'a pu jouir dans sa patrie de la réputation qu'il méritait, que lorsqu'accablé sous le poids de l'humiliation et de l'exil, la longueur de son infortune a désarmé la haine de ses ennemis et fléchi l'injustice de l'envie.

8. QUINAULT. On ne peut trop aimer la douceur, la mollesse, la facilité et l'harmonie tendre et touchante de la poésie de Quinault. On peut même estimer beaucoup l'art de quelques-uns de ses opéras, intéressants par le spectacle dont ils sont remplis, par l'invention ou la disposition des faits qui les composent, par le merveilleux qui y règne, et enfin par le pathétique des situations, qui donne lieu à celui de la musique, et qui l'augmente nécessairement. Ni la grâce, ni la noblesse, ni le naturel n'ont manqué à l'auteur de ces poëmes singuliers. Il y a presque toujours de la naïveté dans son dialogue, et quelquefois du sentiment. Ses vers sont semés d'images charmantes et de pensées ingénieuses. On admirerait trop les fleurs dont il se pare, s'il eût évité les défauts qui font languir quelquefois ses beaux ouvrages. Je n'aime pas les familiarités qu'il a introduites dans ses tragédies; je suis fâché qu'on trouve dans beaucoup de scènes, qui sont faites pour inspirer la terreur et la pitié, des personnages qui, par le contraste de leurs discours avec les intérêts des malheureux, rendent ces mêmes scènes ridicules et en détruisent tout le pathétique. Je ne puis m'empêcher encore de trouver ses meilleurs opéras trop vides de choses, trop négligés dans les détails, trop fades même dans bien des endroits. Enfin je pense qu'on a dit de lui avec vérité qu'il n'avait fait qu'effleurer d'ordinaire les passions. Il me paraît que Lulli a donné à sa musique un caractère supérieur à la poésie de Quinault. Lulli s'est élevé souvent jusqu'au sublime par la grandeur

et par le pathétique de ses expressions; et Quinault n'a d'autre mérite à cet égard que celui d'avoir fourni les situations et les canevas auxquels le musicien a fait recevoir la profonde empreinte de son génie. Ce sont sans doute les défauts de ce poëte et la faiblesse de ses premiers ouvrages, qui ont fermé les yeux de Despréaux sur son mérite; mais Despréaux peut être excusable de n'avoir pas cru que l'opéra, théâtre plein d'irrégularités et de licences, eût atteint, en naissant, sa perfection. Ne penserions-nous pas encore qu'il manque quelque chose à ce spectacle, si les efforts inutiles de tant d'auteurs renommés ne nous avaient fait supposer que le défaut de ces poëmes était peut-être un vice irréparable? Cependant je conçois sans peine qu'on ait fait à Despréaux un grand reproche de sa sévérité trop opiniâtre. Avec des talents si aimables que ceux de Quinault et la gloire qu'il a d'être l'inventeur de son genre, on ne saurait être surpris qu'il ait des partisans très-passionnés, qui pensent qu'on doit respecter ses défauts mêmes. Mais cette excessive indulgence de ses admirateurs me fait comprendre encore l'extrême rigueur de ses critiques. Je vois qu'il n'est point dans le caractère des hommes de juger du mérite d'un autre homme par l'ensemble de ses qualités; on envisage sous divers aspects le génie d'un auteur illustre; on le méprise ou l'admire avec une égale apparence de raison, selon les choses que l'on considère en ses ouvrages. Les beautés que Quinault a imaginées demandent grâce pour ses défauts; mais j'avoue que je voudrais bien qu'on se dispensât de copier jusqu'à ses fautes. Je suis fâché qu'on désespère de mettre plus de passion, plus de conduite, plus de raison et plus de force dans nos opéras que leur inventeur n'y en a mis. J'aimerais qu'on en retranchât le nombre excessif de refrains qui s'y rencontrent; qu'on ne refroidît pas les tragédies par des puérilités, et qu'on ne fît pas des paroles pour le musicien entièrement vides de sens. Les divers morceaux qu'on admire dans Quinault prouvent qu'il y a peu de beautés incompatibles avec la musique, et que c'est la faiblesse des poëtes ou celle du genre qui fait languir tant d'opéras, faits à la hâte, et aussi mal écrits qu'ils sont frivoles.

LES ORATEURS. FRAGMENT

Qui n'admire la majesté, la pompe, la magnificence, l'enthousiasme de Bossuet, et la vaste étendue de ce génie impétueux, fécond, sublime? Qui conçoit sans étonnement la profondeur incroyable de Pascal, son raisonnement invincible, sa mémoire surnaturelle, sa connaissance universelle et prématurée? Le premier élève l'esprit; l'autre le confond et le trouble. L'un éclate comme un tonnerre dans un tourbillon orageux, et par ses soudaines hardiesses échappe aux génies trop timides; l'autre presse, étonne, illumine, fait sentir despotiquement l'ascendant de la vérité; et comme si c'était un être d'une autre nature que nous, sa vive intelligence explique toutes les conditions, toutes les affections et toutes les pensées des hommes, et paraît toujours supérieure à leurs conceptions incertaines. Génie simple et puissant, il assemble des choses qu'on croyait être incompatibles, la véhémence, l'enthousiasme, la naïveté, avec les profondeurs les plus cachées de l'art ; mais d'un art qui, bien loin de gêner la nature, n'est lui-même qu'une nature plus parfaite, et l'original des préceptes. Que dirai-je encore? Bossuet fait voir plus de fécondité, et Pascal a plus d'invention ; Bossuet est plus impétueux, et Pascal plus transcendant. L'un excite l'admiration par de plus fréquentes saillies; l'autre, toujours plein et solide, l'épuise par un caractère plus concis et plus soutenu.

Mais toi[1] qui les as surpassés en aménités et en grâces, ombre illustre, aimable génie; toi qui fis régner la vertu par l'onction et par la douceur, pourrais-je oublier la noblesse et le charme de ta parole, lorsqu'il est question d'éloquence? Né pour cultiver la sagesse et l'humanité dans les rois, ta voix ingénue fit retentir au pied du trône les calamités du genre humain foulé par les tyrans, et défendit contre les artifices de la flatterie la cause abandonnée des peuples. Quelle bonté de cœur, quelle sincérité se remarque dans tes écrits! quel éclat de paroles et d'images! Qui sema jamais tant de fleurs dans un style si naturel, si mélodieux et si tendre? Qui orna jamais la raison d'une si touchante parure? Ah! que de trésors, d'abondance, dans ta riche simplicité!

O noms consacrés par l'amour et par les respects de tous ceux qui chérissent l'honneur des lettres! Restaurateurs des arts, pères de l'éloquence, lumières de l'esprit humain, que n'ai-je un rayon du génie qui échauffa vos profonds discours, pour vous expliquer dignement et marquer tous les traits qui vous ont été propres!

Si l'on pouvait mêler des talents si divers, peut-être

[1] Fénelon.

qu'on voudrait penser comme Pascal, écrire comme Bossuet, parler comme Fénelon. Mais parce que la différence de leur style venait de la différence de leurs pensées et de leur manière de sentir les choses, ils perdraient beaucoup tous les trois, si l'on voulait rendre les pensées de l'un par les expressions de l'autre. On ne souhaite point cela en les lisant; car chacun d'eux s'exprime dans les termes les plus assortis au caractère de ses sentiments et de ses idées; ce qui est la véritable marque du génie. Ceux qui n'ont que de l'esprit empruntent nécessairement toute sorte de tours et d'expressions: ils n'ont pas un caractère distinctif, etc.

SUR LA BRUYÈRE

Il n'y a presque point de tour dans l'éloquence qu'on ne trouve dans La Bruyère; et si on y désire quelque chose, ce ne sont pas certainement les expressions, qui sont d'une force infinie et toujours les plus propres et les plus précises qu'on puisse employer. Peu de gens l'ont compté parmi les orateurs, parce qu'il n'y a pas une suite sensible dans ses *Caractères*. Nous faisons trop peu d'attention à la perfection de ses fragments, qui contiennent souvent plus de matière que de longs discours, plus de proportion et plus d'art.

On remarque dans tout son ouvrage un esprit juste, élevé, nerveux, pathétique, également capable de réflexion et de sentiment, et doué avec avantage de cette invention qui distingue la main des maîtres et qui caractérise le génie.

Personne n'a peint les détails avec plus de feu, plus de force, plus d'imagination dans l'expression, qu'on n'en voit dans ses *Caractères*. Il est vrai qu'on n'y trouve pas aussi souvent que dans les écrits de Bossuet et de Pascal, de ces traits qui caractérisent, non une passion ou les vices d'un particulier, mais le genre humain. Ses portraits les plus élevés ne sont jamais aussi grands que ceux de Fénelon et de Bossuet; ce qui vient en grande partie de la différence des genres qu'ils ont traités. La Bruyère a cru, ce me semble, qu'on ne pouvait peindre les hommes assez petits; et il s'est bien plus attaché à relever leurs ridicules que leur force. Je crois qu'il est permis de présumer qu'il n'avait ni l'élévation, ni la sagacité, ni la profondeur de quelques esprits du premier ordre; mais on ne lui peut disputer, sans injustice, une forte imagination, un caractère véritablement original, et un génie créateur.

RÉFLEXIONS ET MAXIMES

1. Il est plus aisé de dire des choses nouvelles que de concilier celles qui ont été dites.

2. L'esprit de l'homme est plus pénétrant que conséquent, et embrasse plus qu'il ne peut lier.

3. Lorsqu'une pensée est trop faible pour porter une expression simple, c'est la marque pour la rejeter.

4. La clarté orne les pensées profondes.

5. L'obscurité est le royaume de l'erreur.

6. Il n'y aurait point d'erreurs qui ne périssent d'elles-mêmes, rendues clairement.

7. Ce qui fait souvent le mécompte d'un écrivain, c'est qu'il croit rendre les choses telles qu'il les aperçoit ou qu'il les sent.

8. On proscrirait moins de pensées d'un ouvrage, si on les concevait comme l'auteur.

9. Lorsqu'une pensée s'offre à nous comme une profonde découverte, et que nous prenons la peine de la développer, nous trouvons souvent que c'est une vérité *qui court les rues*.

10. Il est rare qu'on approfondisse la pensée d'un autre; de sorte que, s'il arrive dans la suite qu'on fasse la même réflexion, on se persuade aisément qu'elle est nouvelle, tant elle offre de circonstances et de dépendances qu'on avait laissé échapper.

11. Si une pensée ou un ouvrage n'intéresse que peu de personnes, peu en parleront.

12. C'est un grand signe de médiocrité de louer toujours modérément.

13. Les fortunes promptes en tout genre sont les moins solides, parce qu'il est rare qu'elles soient l'ouvrage du mérite. Les fruits mûrs mais laborieux de la prudence, sont toujours tardifs.

14. L'espérance anime le sage et leurre le présomptueux et l'indolent, qui se reposent inconsidérément sur ses promesses.

15. Beaucoup de défiances et d'espérances raisonnables sont trompées.

16. L'ambition ardente exile les plaisirs dès la jeunesse, pour gouverner seule.

17. La prospérité fait peu d'amis.

18. Les longues prospérités s'écoulent quelquefois en un moment, comme les chaleurs de l'été sont emportées par un jour d'orage.

19. Le courage a plus de ressources contre les disgrâces que la raison.

20. La raison et la liberté sont incompatibles avec la faiblesse.

21. La guerre n'est pas si onéreuse que la servitude.

22. La servitude abaisse les hommes jusqu'à s'en faire aimer.

23. Les prospérités des mauvais rois sont fatales aux peuples.

24. Il n'est pas donné à la raison de réparer tous les vices de la nature.

25. Avant d'attaquer un abus, il faut voir si on peut ruiner ses fondements.

26. Les abus inévitables sont des lois de la nature.

27. Nous n'avons pas le droit de rendre misérables ceux que nous ne pouvons rendre bons.

28. On ne peut être juste si on n'est humain.

29. Quelques auteurs traitent la morale comme on traite la nouvelle architecture, où l'on cherche avant toutes choses la commodité.

30. Il est fort différent de rendre la vertu facile pour l'établir, ou de lui égaler le vice pour la détruire.

31. Nos erreurs et nos divisions, dans la morale, viennent quelquefois de ce que nous considérons les hommes comme s'ils pouvaient être tout à fait vicieux ou tout à fait bons.

32. Il n'y a peut-être point de vérité qui ne soit à quelque esprit faux matière d'erreur.

33. Les générations des opinions sont conformes à celles des hommes: bonnes et vicieuses tour à tour.

34. Nous ne connaissons pas l'attrait des violentes agitations. Ceux que nous plaignons de leurs embarras méprisent notre repos.

35. Personne ne veut être plaint de ses erreurs.

36. Les orages de la jeunesse sont environnés de jours brillants.

37. Les jeunes gens connaissent plutôt l'amour que la beauté.

38. Les femmes et les jeunes gens ne séparent point leur estime de leurs goûts.

39. La coutume fait tout, jusqu'en amour.

40. Il y a peu de passions constantes; il y en a beaucoup de sincères: cela a toujours été ainsi. Mais les hommes se piquent d'être constants ou indifférents, selon la mode, qui excède toujours la nature.

41. La raison rougit des penchants dont elle ne peut rendre compte.

42. Le secret des moindres plaisirs de la nature passe la raison.

43. C'est une preuve de petitesse d'esprit, lorsqu'on distingue toujours ce qui est estimable de ce qui est aimable. Les grandes âmes aiment naturellement tout ce qui est digne de leur estime.

44. L'estime s'use comme l'amour.

45. Quand on sent qu'on n'a pas de quoi se faire estimer de quelqu'un, on est bien près de le haïr.

46. Ceux qui manquent de probité dans les plaisirs n'en ont qu'une feinte dans les affaires. C'est la marque d'un naturel féroce, lorsque le plaisir ne rend point humain.

47. Les plaisirs enseignent aux princes à se familiariser avec les hommes.

48. Le trafic de l'honneur n'enrichit pas.

49. Ceux qui nous font acheter leur probité ne nous vendent ordinairement que leur honneur.

50. La conscience, l'honneur, la chasteté, l'amour et l'estime des hommes sont à prix d'argent. La libéralité multiplie les avantages des richesses.

51. Celui qui sait rendre ses profusions utiles a une grande et noble économie.

52. Les sots ne comprennent pas les gens d'esprit.

53. Personne ne se croit propre comme un sot à duper les gens d'esprit.

54. Nous négligeons souvent les hommes sur qui la nature nous donne quelque ascendant, qui sont ceux qu'il faut attacher et comme incorporer à nous, les autres ne tenant à nos amorces que par l'intérêt, l'objet du monde le plus changeant.

55. Il n'y a guère de gens plus aigres que eux qui sont doux par intérêt.

56. L'intérêt fait peu de fortunes.

57. Il est faux qu'on ait fait fortune lorsqu'on ne sait pas en jouir.

58. L'amour de la gloire fait les grandes fortunes entre les peuples.

59. Nous avons si peu de vertu, que nous nous trouvons ridicules d'aimer la gloire.

60. La fortune exige des soins. Il faut être souple, amusant, cabaler, n'offenser personne, plaire aux femmes et aux hommes en place, se mêler des plaisirs et des affaires, cacher son secret, savoir s'ennuyer la nuit à table, et jouer trois quadrilles sans quitter sa chaise; même après tout cela, on n'est sûr de rien. Combien de dégoûts et d'ennuis ne pourrait-on pas s'épargner, si on osait aller à la gloire par le seul mérite!

61. Quelques fous se sont dit à table: Il n'y a que nous qui soyons bonne compagnie, et on les croit.

62. Les joueurs ont le pas sur les gens d'esprit, comme ayant l'honneur de représenter les hommes riches.

63. Les gens d'esprit seraient presque seuls, sans les sots qui s'en piquent.

64. Celui qui s'habille le matin avant huit heures pour entendre plaider à l'audience, ou pour voir des tableaux étalés au Louvre, ou pour se trouver aux répétitions d'une pièce prête à paraître, et qui se pique de juger en tout genre du travail d'autrui, est un homme auquel il ne manque souvent que de l'esprit et du goût.

65. Nous sommes moins offensés du mépris des sots que d'être médiocrement estimés des gens d'esprit.

66. C'est offenser les hommes que de leur donner

des louanges qui marquent les bornes de leur mérite. Peu de gens sont assez modestes pour souffrir sans peine qu'on les apprécie.

67. Il est difficile d'estimer quelqu'un comme il veut l'être.

68. On doit se consoler de n'avoir pas les grands talents, comme on se console de n'avoir pas les grandes places. On peut être au-dessus de l'un et l'autre par le cœur.

69. La raison et l'extravagance, la vertu et le vice ont leurs heureux. Le contentement n'est pas la marque du mérite.

70. La tranquillité d'esprit passerait-elle pour une meilleure preuve de la vertu? La santé la donne.

71. Si la gloire et le mérite ne rendent pas les hommes heureux, ce que l'on appelle bonheur mérite-t-il leurs regrets? Une âme un peu courageuse daignerait-elle accepter ou la fortune, ou le repos d'esprit, ou la modération, s'il fallait leur sacrifier la vigueur de ses sentiments et abaisser l'essor de son génie?

72. La modération des grands hommes ne borne que leurs vices.

73. La modération des faibles est médiocrité.

74. Ce qui est arrogance dans les faibles est élévation dans les forts; comme la force des malades est frénésie, et celle des sains est vigueur.

75. Le sentiment de nos forces les augmente.

76. On ne juge pas si diversement des autres que de soi-même.

77. Il n'est pas vrai que les hommes soient meilleurs dans la pauvreté que dans les richesses.

78. Pauvres et riches, nul n'est vertueux ni heureux si la fortune ne l'a mis à sa place.

79. Il faut entretenir la vigueur du corps pour conserver celle de l'esprit.

80. On tire peu de service des vieillards.

81. Les hommes ont la volonté de rendre service jusqu'à ce qu'ils en aient le pouvoir.

82. L'avare prononce en secret: Suis-je chargé de la fortune des misérables? Et il repousse la pitié qui l'importune.

83. Ceux qui croient n'avoir plus besoin d'autrui deviennent intraitables.

84. Il est rare d'obtenir beaucoup des hommes dont on a besoin.

85. On gagne peu de choses par habileté.

86. Nos plus sûrs protecteurs sont nos talents.

87. Tous les hommes se jugent dignes des plus grandes places; mais la nature, qui ne les en a pas rendus capables, fait aussi qu'ils se tiennent très-contents dans les dernières.

88. On méprise les grands desseins lorsqu'on ne se sent pas capable des grands succès.

89. Les hommes ont de grandes prétentions et de petits projets.

90. Les grands hommes entreprennent les grandes choses parce qu'elles sont grandes, et les fous parce qu'ils les croient faciles.

91. Il est quelquefois plus facile de former un parti que de venir par degrés à la tête d'un parti déjà formé.

92. Il n'y a point de parti si aisé à détruire que celui que la prudence seule a formé. Les caprices de la

nature ne sont pas si frêles que les chefs-d'œuvre de l'art.

93. On peut dominer par la force, mais jamais par la seule adresse.

94. Ceux qui n'ont que de l'habileté ne tiennent en aucun lieu le premier rang.

95. La force peut tout entreprendre contre les habiles.

96. Le terme de l'habileté est de gouverner sans la force.

97. C'est être médiocrement habile que de faire des dupes.

98. La probité, qui empêche les esprits médiocres de parvenir à leurs fins, est un moyen de plus de réussir pour les habiles.

99. Ceux qui ne savent pas tirer parti des autres hommes sont ordinairement peu accessibles.

100. Les habiles ne rebutent personne.

101. L'extrême défiance n'est pas moins nuisible que son contraire. La plupart des hommes deviennent inutiles à celui qui ne veut pas risquer d'être trompé.

102. Il faut tout attendre et tout craindre du temps et des hommes.

103. Les méchants sont toujours surpris de trouver de l'habileté dans les bons.

104. Trop et trop peu de secret sur nos affaires témoignent également une âme faible.

105. La familiarité est l'apprentissage des esprits.

106. Nous découvrons en nous-mêmes ce que les autres nous cachent, et nous reconnaissons dans les autres ce que nous cachons nous-mêmes.

107. Les maximes des hommes décèlent leur cœur.

108. Les esprits faux changent souvent de maximes.

109. Les esprits légers sont disposés à la complaisance.

110. Les menteurs sont bas et glorieux.

111. Peu de maximes sont vraies à tous égards.

112. On dit peu de choses solides lorsqu'on cherche à en dire d'extraordinaires.

113. Nous nous flattons sottement de persuader aux autres ce que nous ne pensons pas nous-mêmes.

114. On ne s'amuse pas longtemps de l'esprit d'autrui.

115. Les meilleurs auteurs parlent trop.

116. La ressource de ceux qui n'imaginent pas est de conter.

117. La stérilité de sentiment nourrit la paresse.

118. Un homme qui ne soupe ni ne dîne chez lui se croit occupé. Et celui qui passe la matinée à se laver la bouche et à donner audience à son brodeur se moque de l'oisiveté d'un nouvelliste qui se promène tous les jours avant dîner.

119. Il n'y aurait pas beaucoup d'heureux s'il appartenait à autrui de décider de nos occupations et de nos plaisirs.

120. Lorsqu'une chose ne peut pas nous nuire, il faut nous moquer de ceux qui nous en détournent.

121. Il y a plus de mauvais conseils que de caprices.

122. Il ne faut pas croire aisément que ce que la nature a fait aimable soit vicieux. Il n'y a point de siècle et de peuple qui n'aient établi des vertus et des vices imaginaires.

123. La raison nous trompe plus souvent que la nature.

124. La raison ne connaît pas les intérêts du cœur.

125. Si la passion conseille quelquefois plus hardiment que la réflexion, c'est qu'elle donne plus de force pour exécuter.

126. Si les passions font plus de fautes que le jugement, c'est par la même raison que ceux qui gouvernent font plus de fautes que les hommes privés.

127. Les grandes pensées viennent du cœur.

128. Le bon instinct n'a pas besoin de la raison, mais il la donne.

129. On paye chèrement les moindres biens lorsqu'on ne les tient que de la raison.

130. La magnanimité ne doit pas compte à la prudence de ses motifs.

131. Personne n'est sujet à plus de fautes que ceux qui n'agissent que par réflexion.

132. On ne fait pas beaucoup de grandes choses par conseil.

133. La conscience est la plus changeante des règles.

134. La fausse conscience ne se connaît pas.

135. La conscience est présomptueuse dans les sains,[1] timide dans les faibles et les malheureux, inquiète dans les indécis, etc., Organe obéissant du sentiment qui nous domine et des opinions qui nous gouvernent.

136. La conscience des mourants calomnie leur vie.

137. La fermeté ou la faiblesse de la mort dépend de la dernière maladie.

138. La nature épuisée par la douleur assoupit quelquefois le sentiment dans les malades, et arrête

[1] Saints, 1747.

la volubilité de leur esprit. Et ceux qui redoutaient la mort sans péril la souffrent sans crainte.

139. La maladie éteint dans quelques hommes le courage, dans quelques autres la peur et jusqu'à l'amour de la vie.

140. On ne peut juger de la vie par une plus fausse règle que la mort.

141. Il est injuste d'exiger d'une âme atterrée et vaincue par les secousses d'un mal redoutable, qu'elle conserve la même vigueur qu'elle a fait paraître en d'autres temps. Est-on surpris qu'un malade ne puisse plus ni marcher, ni veiller, ni se soutenir? Ne serait-il pas plus étrange, s'il était encore le même homme qu'en pleine santé? Si nous avons eu la migraine et que nous ayons mal dormi, on nous excuse d'être incapable ce jour-là d'application, et personne ne nous soupçonne d'avoir toujours été inappliqués. Refuserons-nous à un homme qui se meurt le privilège que nous accordons à celui qui a mal à la tête; et oserons-nous assurer qu'il n'a jamais eu de courage pendant sa santé, parce qu'il en aura manqué à l'agonie?

142. Pour exécuter de grandes choses, il faut vivre comme si on ne devait jamais mourir.

143. La pensée de la mort nous trompe, car elle nous fait oublier de vivre.

144. Je dis quelquefois en moi-même: La vie est trop courte pour mériter que je m'en inquiète. Mais, si quelque importun me rend visite et qu'il m'empêche de sortir et de m'habiller, je perds patience, et je ne puis supporter de m'ennuyer une demi-heure.

145. La plus fausse de toutes les philosophies est celle qui, sous prétexte d'affranchir les hommes des

embarras des passions, leur conseille l'oisiveté, l'abandon et l'oubli d'eux-mêmes.

146. Si toute notre prévoyance ne peut rendre notre vie heureuse, combien moins notre nonchalance!

147. Personne ne dit le matin: Un jour est bientôt passé, attendons la nuit. Au contraire, on rêve la veille à ce que l'on fera le lendemain. On serait bien marri de passer un seul jour à la merci du temps et des fâcheux. On n'oserait laisser au hasard la disposition de quelques heures, et on a raison. Car qui peut se promettre de passer une heure sans ennui, s'il ne prend soin de remplir à son gré ce court espace? Mais ce qu'on n'oserait se promettre pour une heure, on se le promet quelquefois pour toute la vie. Et on dit: Nous sommes bien fous de nous tant inquiéter de l'avenir; c'est-à-dire nous sommes bien fous de ne pas commettre au hasard nos destinées, et de pourvoir à l'intervalle qui est entre nous et la mort.

148. Ni le dégoût n'est une marque de santé, ni l'appétit n'est une maladie: mais tout au contraire. Ainsi pense-t-on sur le corps. Mais on juge de l'âme sur d'autres principes. On suppose qu'une âme forte est celle qui est exempte de passions. Et comme la jeunesse est plus ardente et plus active que le dernier âge, on la regarde comme un temps de fièvre; et on place la force de l'homme dans sa décadence.

149. L'esprit est l'œil de l'âme, non sa force. Sa force est dans le cœur, c'est-à-dire dans les passions. La raison la plus éclairée ne donne pas d'agir et de vouloir. Suffit-il d'avoir la vue bonne pour marcher? Ne faut-il pas encore avoir des pieds, et la volonté avec la puissance de les remuer?

150. La raison et le sentiment se conseillent et se suppléent tour à tour. Quiconque ne consulte qu'un des deux et renonce à l'autre se prive inconsidérément d'une partie des secours qui nous ont été accordés pour nous conduire.

151. Nous devons peut-être aux passions les plus grands avantages de l'esprit.

152. Si les hommes n'avaient pas aimé la gloire, ils n'avaient ni assez d'esprit ni assez de vertu pour la mériter.

153. Aurions-nous cultivé les arts sans les passions; et la réflexion toute seule nous aurait-elle fait connaître nos ressources, nos besoins et notre industrie?

154. Les passions ont appris aux hommes la raison.

155. Dans l'enfance de tous les peuples, comme dans celle des particuliers, le sentiment a toujours précédé la réflexion, et en a été le premier maître.

156. Qui considérera la vie d'un seul homme y trouvera toute l'histoire du genre humain, que la science et l'expérience n'ont pu rendre bon.

157. S'il est vrai qu'on ne peut anéantir le vice, la science de ceux qui gouvernent est de le faire concourir au bien public.

158. Les jeunes gens souffrent moins de leurs fautes que de la prudence des vieillards.

159. Les conseils de la vieillesse éclairent sans échauffer, comme le soleil de l'hiver.

160. Le prétexte ordinaire de ceux qui font le malheur des autres est qu'ils veulent leur bien.

161. Il est injuste d'exiger des hommes qu'ils fassent, par déférence pour nos conseils, ce qu'ils ne veulent pas faire pour eux-mêmes.

162. Il faut permettre aux hommes de faire de grandes fautes contre eux-mêmes, pour éviter un plus grand mal, la servitude.

163. Quiconque est plus sévère que les lois est un tyran.

164. Ce qui n'offense pas la société n'est pas du ressort de la justice.

165. C'est entreprendre sur la clémence de Dieu de punir sans nécessité.

166. La morale austère anéantit la vigueur de l'esprit, comme les enfants d'Esculape détruisent le corps pour détruire un vice du sang, souvent imaginaire.

167. La clémence vaut mieux que la justice.

168. Nous blâmons beaucoup les malheureux des moindres fautes, et les plaignons peu des plus grands malheurs.

169. Nous réservons notre indulgence pour les parfaits.

170. On ne plaint pas un homme d'être un sot, et peut-être qu'on a raison. Mais il est fort plaisant d'imaginer que c'est sa faute.

171. Nul homme n'est faible par choix.

172. Nous querellons les malheureux pour nous dispenser de les plaindre.

173. La générosité souffre des maux d'autrui, comme si elle en était responsable.

174. L'ingratitude la plus odieuse, mais la plus commune et la plus ancienne, est celle des enfants envers leurs pères.

175. Nous ne savons pas beaucoup de gré à nos amis d'estimer nos bonnes qualités, s'ils osent seulement s'apercevoir de nos défauts.

176. On peut aimer de tout son cœur ceux en qui on reconnaît de grands défauts. Il y aurait de l'impertinence à croire que la perfection a seule le droit de nous plaire. Nos faiblesses nous attachent quelquefois les uns aux autres autant que pourrait le faire la vertu.

177. Les princes font beaucoup d'ingrats, parce qu'ils ne donnent pas tout ce qu'ils peuvent.

178. La haine est plus vive que l'amitié, moins que l'amour.

179. Si nos amis nous rendent des services, nous pensons qu'à titre d'amis ils nous les doivent, et nous ne pensons pas du tout qu'ils ne nous doivent pas leur amitié.

180. On n'est pas né pour la gloire lorsqu'on ne connaît pas le prix du temps.

181. L'activité fait plus de fortunes que la prudence.

182. Celui qui serait né pour obéir obéirait jusque sur le trône.

183. Il ne paraît pas que la nature ait fait les hommes pour l'indépendance.

184. Pour se soustraire à la force, on a été obligé de se soumettre à la justice. La justice ou la force, il a fallu opter entre ces deux maîtres, tant nous étions peu faits pour être libres.

185. La dépendance est née de la société.

186. Faut-il s'étonner que les hommes aient cru que les animaux étaient faits pour eux, s'ils pensent même ainsi de leurs semblables, et que la fortune accoutume les puissants à ne compter qu'eux sur la terre?

187. Entre rois, entre peuples, entre particuliers,

le plus fort se donne des droits sur le plus faible, et la même règle est suivie par les animaux et les êtres inanimés; de sorte que tout s'exécute dans l'univers par la violence. Et cet ordre, que nous blâmons avec quelque apparence de justice, est la loi la plus générale, la plus immuable et la plus importante de la nature.

188. Les faibles veulent dépendre, afin d'être protégés. Ceux qui craignent les hommes aiment les lois.

189. Qui sait tout souffrir peut tout oser.

190. Il est des injures qu'il faut dissimuler pour ne pas compromettre son honneur.

191. Il est bon d'être ferme par tempérament, et flexible par réflexion.

192. Les faibles veulent quelquefois qu'on les croie méchants; mais les méchants veulent passer pour bons.

193. Si l'ordre domine dans le genre humain, c'est une preuve que la raison et la vertu y sont les plus fortes.

194. La loi des esprits n'est pas différente de celle des corps, qui ne peuvent se maintenir que par une continuelle nourriture.

195. Lorsque les plaisirs nous ont épuisés, nous croyons avoir épuisé les plaisirs; et nous disons que rien ne peut remplir le cœur de l'homme.

196. Nous méprisons beaucoup de choses pour ne pas nous mépriser nous-mêmes.

197. Notre dégoût n'est point un défaut et une insuffisance des objets extérieurs, comme nous aimons à le croire; mais un épuisement de nos propres organes et un témoignage de notre faiblesse.

198. Le feu, l'air, l'esprit, la lumière, tout vit par

l'action. De là la communication et l'alliance de tous les êtres; de là l'unité et l'harmonie dans l'univers. Cependant cette loi de la nature si féconde, nous trouvons que c'est un vice dans l'homme. Et parce qu'il est obligé d'y obéir, ne pouvant subsister dans le repos, nous concluons qu'il est hors de sa place.

199. L'homme ne se propose le repos que pour s'affranchir de la sujétion et du travail. Mais il ne peut jouir que par l'action, et n'aime qu'elle.

200. Le fruit du travail est le plus doux des plaisirs.

201. Où tout est dépendant, il y a un maître: l'air appartient à l'homme, et l'homme à l'air; et rien n'est à soi ni à part.

202. O soleil! ô cieux! qu'êtes-vous? Nous avons surpris le secret et l'ordre de vos mouvements. Dans la main de l'Être des êtres, instruments aveugles et ressorts peut-être insensibles, le monde sur qui vous régnez mériterait-il nos hommages? Les révolutions des empires, la diverse face des temps, les nations qui ont dominé, et les hommes qui ont fait la destinée de ces nations mêmes, les principales opinions et les coutumes qui ont partagé la créance des peuples dans la religion, les arts, la morale et les sciences, tout cela, que peut-il paraître? Un atome presque invisible, qu'on appelle l'homme, qui rampe sur la face de la terre, et qui ne dure qu'un jour, embrasse en quelque sorte d'un coup d'œil le spectacle de l'univers dans tous les âges.

203. Quand on a beaucoup de lumières, on admire peu. Lorsque l'on en manque, de même. L'admiration marque le degré de nos connaissances, et prouve moins

souvent la perfection des choses que l'imperfection de notre esprit.

204. Ce n'est point un grand avantage d'avoir l'esprit vif, si on ne l'a juste. La perfection d'une pendule n'est pas d'aller vite, mais d'être réglée.

205. Parler imprudemment et parler hardiment, c'est presque toujours la même chose, mais on peut parler sans prudence et parler juste. Et il ne faut pas croire qu'un homme a l'esprit faux parce que la hardiesse de son caractère ou la vivacité de ses passions lui auront arraché, malgré lui-même, quelque vérité périlleuse.

206. Il y a plus de sérieux que de folie dans l'esprit des hommes. Peu sont nés plaisants. La plupart le deviennent par imitation, froids copistes de la vivacité et de la gaieté.

207. Ceux qui se moquent des penchants sérieux aiment sérieusement les bagatelles.

208. Différent génie, différent goût. Ce n'est pas toujours par jalousie que réciproquement on se rabaisse.

209. On juge des productions de l'esprit comme des ouvrages mécaniques. Lorsque l'on achète une bague, on dit: Celle-là est trop grande, l'autre est trop petite, jusqu'à ce qu'on en rencontre une pour son doigt. Mais il n'en reste pas chez le joaillier; car celle qui m'est trop petite va bien à un autre.

210. Lorsque deux auteurs ont également excellé en divers genres, on n'a pas ordinairement assez d'égard à la subordination de leurs talents, et Despréaux va de pair avec Racine. Cela est injuste.

211. J'aime un écrivain qui embrasse tous les temps

et tous les pays, et rapporte beaucoup d'effets à peu de causes; qui compare les préjugés et les mœurs des différents siècles; qui, par des exemples tirés de la peinture ou de la musique, me fait connaître les beautés de l'éloquence et l'étroite liaison des arts. Je dis d'un homme qui rapproche ainsi les choses humaines, qu'il a un grand génie, si ses conséquences sont justes. Mais, s'il conclut mal, je présume qu'il distingue mal les objets, ou qu'il n'aperçoit pas d'un seul coup d'œil tout leur ensemble, et qu'enfin quelque chose manque à l'étendue ou à la profondeur de son esprit.

212. On discerne aisément la vraie de la fausse étendue d'esprit; car l'une agrandit ses sujets, et l'autre, par l'abus des épisodes et par le faste de l'érudition, les anéantit.

213. Quelques exemples rapportés en peu de mots et à leur place donnent plus d'éclat, plus de poids et plus d'autorité aux réflexions; mais trop d'exemples et trop de détails énervent toujours un discours. Les digressions trop longues ou trop fréquentes rompent l'unité du sujet, et lassent les lecteurs sensés, qui ne veulent pas qu'on les détourne de l'objet principal, et qui d'ailleurs ne peuvent suivre, sans beaucoup de peine, une trop longue chaîne de faits et de preuves. On ne saurait trop rapprocher les choses ni trop tôt conclure. Il faut saisir d'un coup d'œil la véritable preuve de son discours, et courir à la conclusion. Un esprit perçant fuit les épisodes et laisse aux écrivains médiocres le soin de s'arrêter à cueillir les fleurs qui se trouvent sur leur chemin. C'est à eux d'amuser le peuple, qui lit sans objet, sans pénétration et sans goût.

214. Le sot qui a beaucoup de mémoire est plein de pensées et de faits; mais il ne sait pas en conclure: tout tient à cela.

215. Savoir bien rapprocher les choses, voilà l'esprit juste. Le don de rapprocher beaucoup de choses et de grandes choses, fait les esprits vastes. Ainsi la justesse paraît être le premier degré, et une condition très-nécessaire de la vraie étendue d'esprit.

216. Un homme qui digère mal, et qui est vorace, est peut-être une image assez fidèle du caractère d'esprit de la plupart des savants.

217. Je n'approuve point la maxime qui veut *qu'un honnête homme sache un peu de tout*. C'est savoir presque toujours inutilement, et quelquefois pernicieusement, que de savoir superficiellement et sans principes. Il est vrai que la plupart des hommes ne sont guère capables de connaître profondément; mais il est vrai aussi que cette science superficielle qu'ils recherchent ne sert qu'à contenter leur vanité. Elle nuit à ceux qui possèdent un vrai génie; car elle les détourne nécessairement de leur objet principal, consume leur application dans des détails et sur des objets étrangers à leurs besoins et à leurs talents naturels. Et enfin elle ne sert point, comme ils s'en flattent, à prouver l'étendue de leur esprit. De tout temps on a vu des hommes qui savaient beaucoup avec un esprit très-médiocre; et au contraire, des esprits très-vastes qui savaient fort peu. Ni l'ignorance n'est défaut d'esprit ni le savoir n'est preuve de génie.

218. La vérité échappe au jugement, comme les faits échappent à la mémoire. Les diverses faces des choses s'emparent tour à tour d'un esprit vif, et lui

font quitter et reprendre successivement les mêmes opinions. Le goût n'est pas moins inconstant. Il s'use sur les choses les plus agréables, et varie comme notre humeur.

219. Il y a peut-être autant de vérités parmi les hommes que d'erreurs; autant de bonnes qualités que de mauvaises; autant de plaisirs que de peines; mais nous aimons à contrôler la nature humaine, pour essayer de nous élever au-dessus de notre espèce, et pour nous enrichir de la considération dont nous tâchons de la dépouiller. Nous sommes si présomptueux, que nous croyons pouvoir séparer notre intérêt personnel de celui de l'humanité, et médire du genre humain sans nous commettre. Cette vanité ridicule a rempli les livres des philosophes d'invectives contre la nature. L'homme est maintenant en disgrâce chez tous ceux qui pensent, et c'est à qui le chargera de plus de vices. Mais peut-être est-il sur le point de se relever et de se faire restituer toutes ses vertus, car la philosophie a ses modes comme les habits, la musique et l'architecture, etc.

220. Sitôt qu'une opinion devient commune, il ne faut point d'autre raison pour obliger les hommes à l'abandonner et à embrasser son contraire, jusqu'à ce que celle-ci vieillisse à son tour, et qu'ils aient besoin de se distinguer par d'autres choses. Ainsi s'ils atteignent le but dans quelque art ou dans quelque science, on doit s'attendre qu'ils le passeront pour acquérir une nouvelle gloire; et c'est ce qui fait en partie que les plus beaux siècles dégénèrent si promptement, et qu'à peine sortis de la barbarie ils s'y replongent.

221. Les grands hommes, en apprenant aux faibles à réfléchir, les ont mis sur la route de l'erreur.

222. Où il y a de la grandeur, nous la sentons malgré nous. La gloire des conquérants a toujours été combattue; les peuples en ont toujours souffert: et ils l'ont toujours respectée.

223. Le contemplateur, mollement couché dans une chambre tapissée, invective contre le soldat qui passe les nuits de l'hiver au bord d'un fleuve, et veille en silence sous les armes pour la sûreté de la patrie.

224. Ce n'est pas à porter la faim et la misère chez les étrangers qu'un héros attache la gloire, mais à les souffrir pour l'État; ce n'est pas à donner la mort, mais à la braver.

225. Le vice fomente la guerre; la vertu combat. S'il n'y avait aucune vertu, nous aurions pour toujours la paix.

226. La vigueur d'esprit ou l'adresse ont fait les premières fortunes. L'inégalité des conditions est née de celle des génies et des courages.

227. Il est faux que l'égalité soit une loi de la nature. La nature n'a rien fait d'égal. Sa loi souveraine est la subordination et la dépendance.

228. Qu'on tempère, comme on voudra, la souveraineté dans un État, nulle loi n'est capable d'empêcher un tyran d'abuser de l'autorité de son emploi.

229. On est forcé de respecter les dons de la nature, que l'étude ni la fortune ne peuvent donner.

230. La plupart des hommes sont si resserrés dans la sphère de leur condition, qu'ils n'ont pas même le courage d'en sortir par leurs idées. Et si on en voit quelques-uns que la spéculation des grandes choses

rend en quelque sorte incapables des petites, on en trouve encore davantage à qui la pratique des petites a ôté jusqu'au sentiment des grandes.

231. Les espérances les plus ridicules et les plus hardies ont été quelquefois la cause des succès extraordinaires.

232. Les sujets font leur cour avec bien plus de goût que les princes ne la reçoivent. Il est toujours plus sensible d'acquérir que de jouir.

233. Nous croyons négliger la gloire par pure paresse, tandis que nous prenons des peines infinies pour les plus petits intérêts.

234. Nous aimons quelquefois jusqu'aux louanges que nous ne croyons pas sincères.

235. Il faut de grandes ressources dans l'esprit et dans le cœur pour goûter la sincérité lorsqu'elle blesse, ou pour la pratiquer sans qu'elle offense. Peu de gens ont assez de fonds pour souffrir la vérité et pour la dire.

236. Il y a des hommes qui, sans y penser, se forment une idée de leur figure, qu'ils empruntent du sentiment qui les domine; et c'est peut-être par cette raison qu'un fat se croit toujours beau.

237. Ceux qui n'ont que de l'esprit ont du goût pour les grandes choses et de la passion pour les petites.

238. La plupart des hommes vieillissent dans un petit cercle d'idées qu'ils n'ont pas tirées de leur fonds. Il y a peut-être moins d'esprits faux que de stériles.

239. Tout ce qui distingue les hommes paraît peu de chose. Qu'est-ce qui fait la beauté ou la laideur,

la santé ou l'infirmité, l'esprit ou la stupidité? Une légère différence des organes, un peu plus ou un peu moins de bile, etc. Cependant ce plus ou ce moins est d'une importance infinie pour les hommes. Et lorsqu'ils en jugent autrement, ils sont dans l'erreur.

240. Deux choses peuvent à peine remplacer, dans la vieillesse, les talents et les agréments: la réputation ou les richesses.

241. Nous n'aimons pas les *zélés* qui font profession de mépriser tout ce dont nous nous piquons, pendant qu'ils se piquent eux-mêmes de choses encore plus méprisables.

242. Quelque vanité qu'on nous reproche, nous avons besoin quelquefois qu'on nous assure de notre mérite.

243. Nous nous consolons rarement des grandes humiliations. Nous les oublions.

244. Moins on est puissant dans le monde, plus on peut commettre de fautes impunément ou avoir inutilement un vrai mérite.

245. Lorsque la fortune veut humilier les sages, elle les surprend dans ces petites occasions où l'on est ordinairement sans précaution et sans défense. Le plus habile homme du monde ne peut empêcher que de légères fautes n'entraînent quelquefois d'horribles malheurs. Et il perd sa réputation ou sa fortune par une petite imprudence, comme un autre se casse la jambe en se promenant dans sa chambre.

246. Il n'y a point d'homme qui ne porte dans son caractère une occasion continuelle de faire des fautes. Et si elles sont sans conséquence, c'est à la fortune qu'il le doit.

247. Nous sommes consternés de nos rechutes et de voir que nos malheurs mêmes n'ont pu nous corriger de nos défauts.

248. La nécessité modère plus de peines que la raison.

249. La nécessité empoisonne les maux qu'elle ne peut guérir.

250. Les favoris de la fortune ou de la gloire, malheureux à nos yeux, ne nous détournent point de l'ambition.

251. La patience est l'art d'espérer.

252. Le désespoir comble non-seulement notre misère, mais notre faiblesse.

253. Ni les dons ni les coups de la fortune n'égalent ceux de la nature, qui la passe en rigueur comme en bonté.

254. Les biens et les maux extrêmes ne se font pas sentir aux âmes médiocres.

255. Il y a peut-être plus d'esprits légers dans ce qu'on appelle le monde que dans les conditions moins fortunées.

256. Les gens du monde ne s'entretiennent pas de si petites choses que le peuple. Mais le peuple ne s'occupe pas de choses si frivoles que les gens du monde.

257. On trouve dans l'histoire de grands personnages que la volupté ou l'amour ont gouvernés. Elle n'en rappelle pas à ma mémoire qui aient été galants. Ce qui fait le mérite essentiel de quelques hommes ne peut même subsister dans quelques autres comme un faible.

258. Nous courons quelquefois les hommes qui

nous ont imposé par leurs dehors, comme de jeunes gens qui suivent amoureusement un masque, le prenant pour la plus belle femme du monde, et qui le harcèlent jusqu'à ce qu'ils l'obligent de se découvrir, et de leur faire voir qu'il est un petit homme avec de la barbe et un visage noir.

259. Le sot s'assoupit et fait diète en bonne compagnie, comme un homme que la curiosité a tiré de son élément, et qui ne peut ni respirer ni vivre dans un air subtil.

260. Le sot est comme le peuple, qui se croit riche de peu.

261. Lorsqu'on ne veut rien perdre ni cacher de son esprit, on en diminue d'ordinaire la réputation.

262. Des auteurs sublimes n'ont pas négligé de primer encore par les agréments, flattés de remplir l'intervalle de ces deux extrêmes, et d'embrasser toute la sphère de l'esprit humain. Le public, au lieu d'applaudir à l'universalité de leurs talents, a cru qu'ils étaient incapables de se soutenir dans l'héroïque. Et on n'ose les égaler à ces grands hommes qui, s'étant renfermés dans un seul et beau caractère, paraissent avoir dédaigné de dire tout ce qu'ils ont tu, et abandonné aux génies subalternes les talents médiocres.

263. Ce qui paraît aux uns étendue d'esprit n'est, aux yeux des autres, que mémoire et légèreté.

264. Il est aisé de critiquer un auteur; mais il est difficile de l'apprécier.

265. Je n'ôte rien à l'illustre Racine, le plus sage et le plus élégant des poètes, pour n'avoir pas traité beaucoup de choses qu'il eût embellies, content d'avoir montré dans un seul genre la richesse et la sublimité

de son esprit. Mais je me sens forcé de respecter un génie hardi et fécond, élevé, pénétrant, facile, infatigable; aussi ingénieux et aussi aimable dans les ouvrages de pur agrément que vrai et pathétique dans les autres; d'une vaste imagination, qui a embrassé et pénétré rapidement toute l'économie des choses humaines; à qui ni les sciences abstraites, ni les arts, ni la politique, ni les mœurs des peuples, ni leurs opinions, ni leurs histoires, ni leur langue même n'ont pu échapper; illustre, en sortant de l'enfance, par la grandeur et par la force de sa poésie féconde en pensées, et bientôt après par les charmes et par le caractère original et plein de raison de sa prose; philosophe et peintre sublime, qui a semé avec éclat, dans ses écrits, tout ce qu'il y a de grand dans l'esprit des hommes; qui a représenté les passions avec des traits de feu et de lumière, et enrichi le théâtre de nouvelles grâces; savant à imiter le caractère et à saisir l'esprit des bons ouvrages de chaque nation par l'extrême étendue de son génie, mais n'imitant rien d'ordinaire qu'il ne l'embellisse; éclatant jusque dans les fautes qu'on a cru remarquer dans ses écrits, et tel que, malgré leurs défauts et malgré les efforts de la critique, il a occupé sans relâche de ses veilles ses amis et ses ennemis, et porté chez les étrangers, dès sa jeunesse, la réputation de nos Lettres, dont il a reculé toutes les bornes.

266. Si on ne regarde que certains ouvrages des meilleurs auteurs, on sera tenté de les mépriser. Pour les apprécier avec justice, il faut tout lire.

267. Il ne faut point juger des hommes par ce qu'ils ignorent, mais par ce qu'ils savent, et par la manière dont ils le savent.

268. On ne doit pas non plus demander aux auteurs une perfection qu'ils ne puissent atteindre. C'est faire trop d'honneur à l'esprit humain de croire que des ouvrages irréguliers n'aient pas droit de lui plaire, surtout si ces ouvrages peignent les passions. Il n'est pas besoin d'un grand art pour faire sortir les meilleurs esprits de leur assiette, et pour leur cacher les défauts d'un tableau hardi et touchant. Cette parfaite régularité qui manque aux auteurs ne se trouve point dans nos propres conceptions. Le caractère naturel de l'homme ne comporte pas tant de règle. Nous ne devons pas supposer dans le sentiment une délicatesse que nous n'avons que par réflexion. Il s'en faut de beaucoup que notre goût soit toujours aussi difficile à contenter que notre esprit.

269. Il nous est plus facile de nous teindre d'une infinité de connaissances que d'en bien posséder un petit nombre.

270. Jusqu'à ce qu'on rencontre le secret de rendre les esprits plus justes, tous les pas que l'on pourra faire dans la vérité n'empêcheront pas les hommes de raisonner faux; et plus on voudra les pousser au delà des notions communes, plus on les mettra en péril de se tromper.

271. Il n'arrive jamais que la littérature et l'esprit de raisonnement deviennent le partage de toute une nation, qu'on ne voie aussitôt, dans la philosophie et dans les beaux-arts, ce qu'on remarque dans les gouvernements populaires, où il n'y a point de puérilités et de fantaisies qui ne se produisent et ne trouvent des partisans.

272. L'erreur ajoutée à la vérité ne l'augmente point. Ce n'est pas étendre la carrière des arts que

d'admettre de mauvais genres; c'est gâter le goût. C'est corrompre le jugement des hommes, qui se laisse aisément séduire par les nouveautés, et qui, mêlant ensuite le vrai et le faux, se détourne bientôt dans ses productions de l'imitation de la nature, et s'appauvrit ainsi en peu de temps par la vaine ambition d'imaginer et de s'écarter des anciens modèles.

273. Ce que nous appelons une pensée brillante n'est ordinairement qu'une expression captieuse qui, à l'aide d'un peu de vérité, nous impose une erreur qui nous étonne.

274. Qui a le plus a, dit-on, le moins. Cela est faux. Le roi d'Espagne, tout puissant qu'il est, ne peut rien à Lucques. Les bornes de nos talents sont encore plus inébranlables que celles des empires. Et on usurperait plutôt toute la terre que la moindre vertu.

275. La plupart des grands personnages ont été les hommes de leur siècle les plus éloquents. Les auteurs des plus beaux systèmes, les chefs de partis et de sectes, ceux qui ont eu dans tous les temps le plus d'empire sur l'esprit des peuples, n'ont dû la meilleure partie de leurs succès qu'à l'éloquence vive et naturelle de leur âme. Il ne paraît pas qu'ils aient cultivé la poésie avec le même bonheur. C'est que la poésie ne permet guère que l'on se partage, et qu'un art si sublime et si pénible se peut rarement allier avec l'embarras des affaires et les occupations tumultuaires de la vie; au lieu que l'éloquence se mêle partout, et qu'elle doit la plus grande partie de ses séductions à l'esprit de médiation et de manège, qui forme les hommes d'État et les politiques, etc.

276. C'est une erreur dans les grands de croire qu'ils peuvent prodiguer sans conséquence leurs

paroles et leurs promesses. Les hommes souffrent avec peine qu'on leur ôte ce qu'ils se sont en quelque sorte approprié par l'espérance. On ne les trompe pas longtemps sur leurs intérêts, et ils ne haïssent rien tant que d'être dupes. C'est par cette raison qu'il est si rare que la fourberie réussisse; il faut de la sincérité et de la droiture, même pour séduire. Ceux qui ont abusé les peuples sur quelque intérêt général étaient fidèles aux particuliers. Leur habileté consistait à captiver les esprits par des avantages réels. Quand on connaît bien les hommes, et qu'on veut les faire servir à ses desseins, on ne compte point sur un appât aussi frivole que celui des discours et des promesses. Ainsi les grands orateurs, s'il m'est permis de joindre ces deux choses, ne s'efforcent pas d'imposer par un tissu de flatteries et d'impostures, par une dissimulation continuelle, et par un langage purement ingénieux. S'ils cherchent à faire illusion sur quelque point principal, ce n'est qu'à force de sincérités et de vérités de détail; car le mensonge est faible par lui-même: il faut qu'il se cache avec soin; et s'il arrive qu'on persuade quelque chose par des discours captieux, ce n'est pas sans beaucoup de peine. On aurait grand tort d'en conclure que ce soit en cela que consiste l'éloquence. Jugeons au contraire par ce pouvoir des simples apparences de la vérité, combien la vérité elle-même est éloquente et supérieure à notre art.

277. Un menteur est un homme qui ne sait pas tromper. Un flatteur, celui qui ne trompe ordinairement que les sots. Celui qui sait se servir avec adresse de la vérité, et qui en connaît l'éloquence, peut seul se piquer d'être habile.

278. Est-il vrai que les qualités dominantes excluent

les autres? Qui a plus d'imagination que Bossuet, Montaigne, Descartes, Pascal, tous grands philosophes? Qui a plus de jugement et de sagesse que Racine, Boileau, La Fontaine, Molière, tous poètes pleins de génie?

279. Descartes a pu se tromper dans quelques-uns de ses principes, et ne se point tromper dans ses conséquences, sinon rarement. On aurait donc tort, ce me semble, de conclure de ses erreurs que l'imagination et l'invention ne s'accordent point avec la justesse. La grande vanité de ceux qui n'imaginent pas est de se croire seuls judicieux. Ils ne font pas attention que les erreurs de Descartes, génie créateur, ont été celles de trois ou quatre mille philosophes, tous gens sans imagination. Les esprits subalternes n'ont point d'erreur en leur privé nom, parce qu'ils sont incapables d'inventer, même en se trompant; mais ils sont toujours entraînés sans le savoir par l'erreur d'autrui; et lorsqu'ils se trompent d'eux-mêmes, ce qui peut arriver souvent, c'est dans des détails et des conséquences. Mais leurs erreurs ne sont ni assez vraisemblables pour être contagieuses ni assez importantes pour faire du bruit.

280. Ceux qui sont nés éloquents parlent quelquefois avec tant de clarté et de brièveté des grandes choses, que la plupart des hommes n'imaginent pas qu'ils en parlent avec profondeur. Les esprits pesants, les sophistes ne reconnaissent pas la philosophie, lorsque l'éloquence la rend populaire, et qu'elle ose peindre le vrai avec des traits fiers et hardis. Ils traitent de superficielle et de frivole cette splendeur d'expression qui emporte avec elle la preuve des grandes pensées.

Ils veulent des définitions, des discussions, des détails et des arguments. Si Locke eût rendu vivement en peu de pages les sages vérités de ses écrits, ils n'auraient pas osé le compter parmi les philosophes de son siècle.

281. C'est un malheur que les hommes ne puissent d'ordinaire posséder aucun talent sans avoir quelque envie d'abaisser les autres. S'ils ont la finesse, ils décrient la force; s'ils sont géomètres ou physiciens, ils écrivent contre la poésie et l'éloquence. Et les gens du monde, qui ne pensent pas que ceux qui ont excellé dans quelque genre jugent mal d'un autre talent, se laissent prévenir par leurs décisions. Ainsi, quand la métaphysique ou l'algèbre sont à la mode, ce sont des métaphysiciens ou des algébristes qui font la réputation des poètes et des musiciens. Ou tout au contraire, l'esprit dominant assujettit les autres à son tribunal, et la plupart du temps à ses erreurs.

282. Qui peut se vanter de juger, ou d'inventer, ou d'entendre à toutes les heures du jour? Les hommes n'ont qu'une petite portion d'esprit, de goût, de talent, de vertu, de gaieté, de santé, de force, etc. Et ce peu qu'ils ont en partage, ils ne le possèdent point à leur volonté ni dans le besoin, ni dans tous les âges.

283. C'est une maxime inventée par l'envie, et trop légèrement adoptée par les philosophes, *qu'il ne faut point louer les hommes avant leur mort.* Je dis au contraire que c'est pendant leur vie qu'il faut les louer, lorsqu'ils ont mérité de l'être. C'est pendant que la jalousie et la calomnie, animées contre leur vertu ou leurs talents, s'efforcent de les dégrader, qu'il faut oser leur rendre témoignage. Ce sont les critiques

injustes qu'il faut craindre de hasarder, et non les louanges sincères.

284. L'envie ne saurait se cacher. Elle accuse et juge sans preuves. Elle grossit les défauts; elle a des qualifications énormes pour les moindres fautes. Son langage est rempli de fiel, d'exagération et d'injure. Elle s'acharne avec opiniâtreté et avec fureur contre le mérite éclatant. Elle est aveugle, emportée, insensée, brutale.

285. Il faut exciter dans les hommes le sentiment de leur prudence et de leur force, si on veut élever leur génie. Ceux qui, par leurs discours ou leurs écrits, ne s'attachent qu'à relever les ridicules et les faiblesses de l'humanité, sans distinction ni égards, éclairent bien moins la raison et les jugements du public, qu'ils ne dépravent ses inclinations.

286. Je n'admire point un sophiste qui réclame contre la gloire et contre l'esprit des grands hommes. En ouvrant mes yeux sur le faible des plus beaux génies, il m'apprend à l'apprécier lui-même ce qu'il peut valoir. Il est le premier que je raye du tableau des hommes illustres.

287. Nous avons grand tort de penser que quelque défaut que ce soit puisse exclure toute vertu, ou de regarder l'alliance du bien et du mal comme un monstre et comme une énigme. C'est faute de pénétration que nous concilions si peu de choses.

288. Les faux philosophes s'efforcent d'attirer l'attention des hommes, en faisant remarquer dans notre esprit des contrariétés et des difficultés qu'ils forment eux-mêmes; comme d'autres amusent les enfants par des tours de cartes qui confondent leur

jugement, quoique naturels et sans magie. Ceux qui nouent ainsi les choses pour avoir le mérite de les dénouer, sont des charlatans de morale.

289. Il n'y a point de contradiction dans la nature.

290. Est-il contre la raison ou la justice de s'aimer soi-même? Et pourquoi voulons-nous que l'amour-propre soit toujours un vice?

291. S'il y a un amour de nous-même naturellement officieux et compatissant, et un autre amour-propre sans humanité, sans équité, sans bornes, sans raison, faut-il les confondre?

292. Quand il serait vrai que les hommes ne seraient vertueux que par raison, que s'ensuivrait-il? Pourquoi, si on nous loue avec justice de nos sentiments, ne nous louerait-on pas encore de notre raison: Est-elle moins nôtre que la volonté?

293. On suppose que ceux qui servent la vertu par réflexion la trahiraient pour le vice utile. Oui, si le vice pouvait être tel aux yeux d'un esprit raisonnable.

294. Il y a des semences de bonté et de justice dans le cœur de l'homme. Si l'intérêt propre y domine, j'ose dire que cela est non-seulement selon la nature, mais aussi selon la justice, pourvu que personne ne souffre de cet amour-propre, ou que la société y perde moins qu'elle n'y gagne.

295. Celui qui recherche la gloire par la vertu ne demande que ce qu'il mérite.

296. J'ai toujours trouvé ridicule que les philosophes aient feint une vertu incompatible avec la nature de l'homme, et qu'après l'avoir ainsi feinte, ils aient prononcé froidement qu'il n'y avait aucune vertu. Qu'ils parlent du fantôme de leur imagination, ils

peuvent à leur gré l'abandonner ou le détruire, puisqu'ils l'ont créé; mais la véritable vertu, celle qu'ils ne veulent pas nommer de ce nom, parce qu'elle n'est pas conforme à leurs définitions, celle qui est l'ouvrage de la nature, non le leur, et qui consiste principalement dans la bonté et la vigueur de l'âme, celle-ci n'est point dépendante de leur fantaisie et subsistera à jamais avec des caractères ineffaçables.

297. Le corps a ses grâces, l'esprit ses talents. Le cœur n'aurait-il que des vices? Et l'homme, capable de raison, serait-il incapable de vertu?

298. Nous sommes susceptibles d'amitié, de justice, d'humanité, de compassion et de raison. O mes amis! qu'est-ce donc que la vertu?

299. Si l'illustre auteur des *Maximes* eût été tel qu'il a tâché de peindre tous les hommes, mériterait-il nos hommages et le culte idolâtre de ses prosélytes?

300. Ce qui fait que la plupart des livres de morale sont si insipides et que leurs auteurs ne sont pas sincères, c'est que, faibles échos les uns des autres, ils n'oseraient produire leurs propres maximes et leurs secrets sentiments. Ainsi, non-seulement dans la morale, mais quelque sujet que ce puisse être, presque tous les hommes passent leur vie à dire et à écrire ce qu'ils ne pensent point. Et ceux qui conservent encore quelque amour de la vérité, excitent contre eux la colère et les préventions du public.

301. Il n'y a guère d'esprits qui soient capables d'embrasser à la fois toutes les faces de chaque sujet. Et c'est là, à ce qu'il me semble, la source la plus ordinaire des erreurs des hommes. Pendant que la plus grande partie d'une nation languit dans la pauv-

reté, l'opprobre et le travail, l'autre qu abonde en honneurs, en commodités, en plaisirs, ne se lasse pas d'admirer le pouvoir de la politique, qui fait fleurir les arts et le commerce et rend les États redoutables.

302. Les plus grands ouvrages de l'esprit humain sont très-assurément les moins parfaits. Les lois, qui sont la plus belle invention de la raison, n'ont pu assurer le repos des peuples sans diminuer leur liberté.

303. Quelle est quelquefois la faiblesse et l'inconséquence des hommes! Nous nous étonnons de la grossièreté de nos pères, qui règne cependant encore dans le peuple, la plus nombreuse partie de la nation; et nous méprisons en même temps les belles-lettres et la culture de l'esprit, le seul avantage qui nous distingue du peuple et de nos ancêtres.

304. Le plaisir et l'ostentation l'emportent dans le cœur des grands sur l'intérêt. Nos passions se règlent ordinairement sur nos besoins.

305. Le peuple et les grands n'ont ni les mêmes vertus ni les mêmes vices.

306. C'est à notre cœur à régler le rang de nos intérêts et à notre raison de les conduire.

307. La médiocrité d'esprit et la paresse font plus de philosophes que la réflexion.

308. Nul n'est ambitieux par raison ni vicieux par défaut d'esprit.

309. Tous les hommes sont clairvoyants sur leurs intérêts; et il n'arrive guère qu'on les en détache par la ruse. On a admiré dans les négociations la supériorité de la maison d'Autriche, mais pendant l'énorme puissance de cette famille, non après. Les traités les mieux ménagés ne sont que la loi du plus fort.

310. Le commerce est l'école de la tromperie.

311. A voir comme en usent les hommes, on serait porté quelquefois à penser que la vie humaine et les affaires du monde sont un jeu sérieux, où toutes les finesses sont permises pour usurper le bien d'autrui à nos périls et fortunes, et où l'heureux dépouille en tout honneur le plus malheureux ou le moins habile.

312. C'est un grand spectacle de considérer les hommes méditant en secret de s'entrenuire, et forcés néanmoins de s'entr'aider contre leur inclination et leur dessein.

313. Nous n'avons ni la force ni les occasions d'exécuter tout le bien et tout le mal que nous projetons.

314. Nos actions ne sont ni si bonnes ni si vicieuses que nos volontés.

315. Dès que l'on peut faire du bien, on est à même de faire des dupes. Un seul homme en amuse alors une infinité d'autres, tous uniquement occupés de le tromper. Ainsi il en coûte peu aux gens en place pour surprendre leurs inférieurs. Mais il est malaisé à des misérables d'imposer à qui que ce soit. Celui qui a besoin des autres les avertit de se défier de lui; un homme inutile a bien de la peine à leurrer personne.

316. L'indifférence où nous sommes pour la vérité dans la morale vient de ce que nous sommes décidés à suivre nos passions, quoi qu'il en puisse être. Et c'est ce qui fait que nous n'hésitons pas lorsqu'il faut agir, malgré l'incertitude de nos opinions. Peu m'importe, disent les hommes, de savoir où est la vérité, sachant où est le plaisir.

317. Les hommes se défient moins de la coutume et de la tradition de leurs ancêtres, que de leur raison.

318. La force ou la faiblesse de notre créance dépend plus de notre courage que de nos lumières. Tous ceux qui se moquent des augures n'ont pas toujours plus d'esprit que ceux qui y croient.

319. Il est aisé de tromper les plus habiles en leur proposant des choses qui passent leur esprit et qui intéressent leur cœur.

320. Il n'y a rien que la crainte et l'espérance ne persuadent aux hommes.

321. Qui s'étonnera des erreurs de l'antiquité, s'il considère qu'encore aujourd'hui, dans le plus philosophe de tous les siècles, bien des gens de beaucoup d'esprit n'oseraient se trouver à une table de treize couverts?

322. L'intrépidité d'un homme incrédule, mais mourant, ne peut le garantir de quelque trouble, s'il raisonne ainsi: Je me suis trompé mille fois sur mes plus palpables intérêts, et j'ai pu me tromper encore sur la religion. Or, je n'ai plus ni le temps ni la force de l'approfondir, et je meurs....

323. La foi est la consolation des misérables et la terreur des heureux.

324. La courte durée de la vie ne peut nous dissuader de ses plaisirs ni nous consoler de ses peines.

325. Ceux qui combattent les préjugés du peuple croient n'être pas peuple. Un homme qui avait fait à Rome un argument contre les poulets sacrés se regardait peut-être comme un philosophe.

326. Lorsqu'on rapporte sans partialité les raisons des sectes opposées, et qu'on ne s'attache à aucune, il semble qu'on s'élève en quelque sorte au-dessus de tous les partis. Demandez cependant à ces philosophes

neutres qu'ils choisissent une opinion, ou qu'ils établissent d'eux-mêmes quelque chose; vous verrez qu'ils n'y sont pas moins embarrassés que tous les autres. Le monde est peuplé d'esprits froids, qui, n'étant pas capables par eux-mêmes d'inventer, s'en consolent en rejetant toutes les inventions d'autrui, et qui, méprisant au dehors beaucoup de choses, croient se faire estimer.

327. Qui sont ceux qui prétendent que le monde est devenu vicieux? Je les crois sans peine. L'ambition, la gloire, l'amour, en un mot, toutes les passions des premiers âges ne font plus les mêmes désordres et le même bruit. Ce n'est pas peut-être que ces passions soient aujourd'hui moins vives qu'autrefois; c'est parce qu'on les désavoue et qu'on les combat. Je dis donc que le monde est comme un vieillard qui conserve tous les désirs de la jeunesse, mais qui en est honteux et s'en cache, soit parce qu'il est détrompé du mérite de beaucoup de choses, soit parce qu'il veut le paraître.

328. Les hommes dissimulent par faiblesse et par la crainte d'être méprisés leurs plus chères, leurs plus constantes, et quelquefois leurs plus vertueuses inclinations.

329. L'art de plaire est l'art de tromper.

330. Nous sommes trop inattentifs ou trop occupés de nous-mêmes pour nous approfondir les uns les autres. Quiconque a vu des masques dans un bal danser amicalement ensemble, et se tenir par la main sans se connaître, pour se quitter le moment d'après, et ne plus se voir ni se regretter, peut se faire une idée du monde.

[The foregoing *Maximes* are all that Vauvenargues admitted into his second edition. What follows is a handful of those which he suppressed either on his own initiative, or in deference to the criticism of Voltaire. These last are here marked with a *.]

331. Je me suis trouvé à l'opéra, à côté d'un homme qui souriait toutes les fois que le parterre battait des mains. Il me dit qu'il avait été fou de la musique dans sa jeunesse, mais qu'à un certain âge on revenait de beaucoup de choses, parce qu'on en jugeait alors de sang-froid. Un moment après je m'aperçus qu'il était sourd, et je dis en moi-même: *Voilà donc ce que les hommes appellent juger de sang-froid!* Les vieillards et les sages ont tort; il faut être jeune et ardent pour juger, surtout de plaisirs.

332. Mes passions et mes pensées meurent, mais pour renaître; je meurs moi-même sur un lit toutes les nuits, mais pour reprendre de nouvelles forces et une nouvelle fraîcheur. Cette expérience que j'ai de la mort me rassure contre la décadence et la dissolution du corps: quand je vois que la force active de mon âme rappelle à la vie ses pensées éteintes, je comprends que celui qui a fait mon corps peut, à plus forte raison, lui rendre l'être. Je dis dans mon cœur étonné: Qu'as-tu fait des objets volages qui occupaient tantôt ta pensée? retournez sur vos propres traces, objets fugitifs. Je parle, et mon âme s'éveille; ces images mortelles m'entendent, et les figures des choses passées m'obéissent et m'apparaissent. O âme éternelle du monde, ainsi votre voix secourable revendiquera ses ouvrages, et la terre, saisie de crainte, restituera ses larcins!

333. J'ai la sévérité en horreur et ne la crois pas trop

utile. Les Romains étaient-ils sévères? N'exila-t-on pas Cicéron pour avoir fait mourir Lentulus, manifestement convaincu de trahison? Le Sénat ne fit-il pas grâce à tous les autres complices de Catilina? Ainsi se gouvernait le plus puissant et le plus redoutable peuple de la terre; et nous, petit peuple barbare, nous croyons qu'il n'y a jamais assez de gibets et de supplices!

334. La solitude est à l'esprit ce que la diète est au corps, mortelle lorsqu'elle est trop longue, quoique nécessaire.

335. Nous pouvons parfaitement connaître notre imperfection sans être humiliés par cette vue.

336. Il n'appartient qu'aux âmes fortes et pénétrantes de faire de la vérité le principal objet de leurs passions.

337. La gloire embellit les héros.

338. Il n'y a pas de gloire achevée sans celle des armes.

339. La dissimulation est un effort de la raison, bien loin d'être un vice de la nature.

340. Les qualités dominantes des hommes ne sont pas celles qu'ils laissent paraître, mais au contraire celles qu'ils cachent le plus volontiers; car ce sont leurs passions qui forment véritablement leur caractère, et on n'avoue point les passions, à moins qu'elles ne soient si frivoles que le mode les justifie, ou si moderées que la raison n'en rougisse point. On cache surtout l'ambition, parce qu'elle est une espèce de reconnaissance humiliante de la supériorité des grands, et un aveu de la petitesse de notre fortune, ou de la présomption de notre esprit. Il n'y a que ceux qui désirent peu, ou ceux qui sont à portée de faire réussir leurs prétentions qui

puissent les laisser paraître avec bienséance. Ce qui fait tous les ridicules du monde ce sont les prétentions en apparence mal fondées ou démesurées, et, parce que la gloire et la fortune sont les avantages les plus difficiles à acquérir, ils sont aussi la source des plus grands ridicules pour ceux qui les manquent.

341. Si un homme est né avec l'âme haute et courageuse, s'il est laborieux, altier, ambitieux, sans bassesse, d'un esprit profond et caché, j'ose dire qu'il ne lui manque rien pour être négligé des grands et des gens en place, qui craignent encore plus que les autres hommes ceux qu'ils ne pourraient dominer.

342. Les meilleures choses sont les plus communes; on achète l'esprit de Pascal pour un écu; on vend à meilleur marché des plaisirs à ceux qui peuvent s'y livrer; il n'y a que les superfluités et les objets de caprice qui soient rares et difficiles; mais malheureusement ce sont les seules choses qui touchent la curiosité et le goût du commun des hommes.

343. Lorsque j'ai été à Plombières, et que j'ai vu des personnes de tout sexe, de tout âge et de toute condition se baigner humblement dans la même eau, j'ai compris tout d'un coup ce qu'on m'avait dit si souvent, et ce que je ne voulais pas croire, que les faiblesses ou les malheurs des hommes les rapprochent et les rendent souvent plus sociables. Des malades sont plus humains et moins dédaigneux que d'autres hommes.

344. Rien de long n'est fort agréable, pas même la vie; cependant on l'aime.

*345. On fait un ridicule à un homme du monde du talent et du goût d'écrire. Je demande aux gens raisonnables: que font ceux qui n'écrivent pas?

*346. Il vaut mieux déroger à sa qualité qu'à son génie: ce serait être fou de conserver un état médiocre au prix d'une grande fortune ou de la gloire.

*347. On promet beaucoup pour se dispenser de donner peu.

*348. Lorsque nous appelons les réflexions, elles nous fuient; et quand nous voulons les chasser, elles nous obsèdent et tiennent malgré nous nos yeux ouverts pendant la nuit.

*349. Trop de dissipation et trop d'étude épuisent également l'esprit, et le laissent à sec; les traits hardis en tout genre ne s'offrent pas à un esprit tendu et fatigué.

350. Lorsqu'une pièce est faite pour être jouée, il est injuste de n'en juger que par la lecture.

351. Il n'y a point d'homme qui ait assez d'esprit pour n'être jamais ennuyeux.

*352. Les premiers jours du printemps ont moins de grâce que la vertu naissante d'un jeune homme.

*353. Les feux de l'aurore ne sont pas si doux que les premiers regards de la gloire.

*354. L'incrédulité a ses enthousiastes ainsi que la superstition: et comme l'on voit des dévots qui refusent à Cromwell jusqu'au bon sens, on trouve d'autres hommes qui traitent Pascal et Bossuet de petits esprits.

*355. Pour peu qu'on se donne carrière sur la religion et sur les misères de l'homme, on ne fait pas difficulté de se placer parmi les esprits supérieurs.

*356. Le plus sage et le plus courageux de tous les hommes, M. de Turenne, a respecté la religion; et une infinité d'hommes obscurs se placent au rang des génies et des âmes fortes, seulement à cause qu'ils la méprisent.

*357. Newton, Pascal, Bossuet, Racine, Fénelon, c'est-à-dire les hommes de la terre les plus éclairés, dans le plus philosophe de tous les siècles, et dans la force de leur esprit et de leur âge, ont cru Jésus-Christ; et le grand Condé, en mourant, répétait ces nobles paroles: "Oui, nous verrons Dieu comme il est, *sicut est, facie ad faciem.*"

*358. Les hommes ne s'approuvent pas assez pour s'attribuer les uns aux autres la capacité des grands emplois; c'est tout ce qu'ils peuvent, pour ceux qui les occupent avec succès, de les en estimer après leur mort. Mais proposez l'homme du monde qui a le plus d'esprit: oui, dit-on, s'il avait plus d'expérience, ou s'il était moins paresseux, ou s'il n'avait pas de l'humeur, ou tout au contraire; car il n'y a point de prétexte qu'on ne prenne pour donner l'exclusion à l'aspirant, jusqu'à dire qu'il est trop honnête homme, supposé qu'on ne puisse rien lui reprocher de plus plausible: tant cette maxime est peu vraie, *qu'il est plus aisé de paraître digne des grandes places que de les remplir.*

LIFE OF VAUVENARGUES

Born at Aix-en-Provence	6 August, 1715
Second lieutenant in the Régiment du Roi	15 March, 1735
Lieutenant in the Régiment du Roi	22 May, 1735
Serves in the War of the Polish Succession	1735–1736
Serves in the War of the Austrian Succession (Retreat from Prague)	1741–1744
Captain	23 August, 1742
Aspires to diplomatic service	April, 1743
Correspondence with Voltaire begins	4 April, 1743
Resigns his Commission	14 January, 1744
In Paris	1744–1746
Introduction à la connaissance de l'esprit humain	February, 1746
Dies in Paris	28 May, 1747

BIBLIOGRAPHY

VAUVENARGUES. *Introduction à la connaissance de l'esprit humain suivie de Réflexions et Maximes.* Paris, 1746.

—— *Id.* Second edition. Paris, 1747.

—— *Œuvres*, ed. D.-L. Gilbert. 2 vols. Paris, 1857.

VOLTAIRE. *Discours de Réception à l'Acad. fr.* Paris, 1746.

—— *Eloge funèbre des officiers qui sont morts dans la guerre de* 1741. Paris, 1748.

—— *Correspondance.* 1743–1749.

MARMONTEL. *Mémoires*, livre ii. 1792.

SAINTE-BEUVE. *Causeries du lundi*, vols. iii. and xiv. Paris, 1851, 1862.

VINET. *Hist. de la litt. fr. au* 18e *siècle*, vol. i. Paris, 1853.

BOREL, A. *Essai sur Vauvenargues.* Neuchâtel, 1913.

GOSSE, E. *Vauvenargues and the sentiment of "la gloire".* London, 1918.

LANSON, G. *Le Marquis de Vauvenargues.* Paris, 1930.

SAINTVILLE, G. *Quelques notes sur Vauvenargues.* Paris, 1936.

—— *Autour de la mort de Vauvenargues.* Paris, 1932.

—— *Recherches sur la famille de Vauvenargues.* Paris, 1932.

—— *Le "Vauvenargues" annoté de la bibliothèque Méjanes.* Paris, 1933.

—— *Lettres inédites de Vauvenargues.* Paris, 1934.

www.ingramcontent.com/pod-product-compliance
Ingram Content Group UK Ltd.
Pitfield, Milton Keynes, MK11 3LW, UK
UKHW042147280225
455719UK00001B/174

9 781107 644052